Louise March

ein Leben mit Sinn

Louise March – ein Leben mit Sinn

Winter 1930-31 – Louise Goepferts

Louise March – ein Leben mit Sinn

Louise March
Ein Leben mit Sinn

Gurdjieff-Jahre und spirituelles Wirken
in Europa und Amerika

Erinnerungen gesammelt und
herausgegeben von
Annabeth W. McCorkle

Übersetzung und ergänzendes Bildmaterial von
Michèle Fink

Originaltitel: The Gurdjieff Years 1929–1949 – Recollections of Louise Goepfert March (Expanded Edition)

Erstveröffentlichung 1990 durch The Work Study Association, Inc., Walworth, New York

Library of Congress Catalog Card Number: 90-070434

ISBN der Originalausgabe: 9626729-0-4
© 1988, 1990, 2012 Annabeth W. McCorkle
Alle Rechte vorbehalten.
Kontakt zur Herausgeberin: awmccorkle@gmail.com

Herausgegeben von: Annabeth W. McCorkle

Erweiterte Ausgabe:© Eureka Editions, 2012
ISBN der erweiterten Ausgabe: 978-90-72395-78-8

Deutsche Übersetzung und Bearbeitung: Michèle Fink

Mit freundlicher Genehmigung von: Annabeth W. McCorkle

ISBN 978-1-957278-16-2

Copyright © 2025 Michèle Fink

Alle Rechte vorbehalten.

Dieses Buch darf ohne ausdrückliche schriftliche Genehmigung des Herausgebers weder ganz noch in Teilen in irgendeiner Form vervielfältigt, gespeichert oder verbreitet werden.

KARNAK PRESS

Für die kommenden Generationen

Das lebendige Wesen von Gurdjieffs Lehre lässt sich niemals in einem Buch finden – doch aufmerksame Leserinnen und Leser mögen Hinweise entdecken, die auf dem Weg zur Wahrheit weiterhelfen können.

Inhaltsverzeichnis

Kurze Lebenschronik von Louise Goepfert March	XII
Vorwort zur erweiterten Ausgabe	XV
Einführung	IXX
Kapitel 1 – Vorbereitung	1
Kapitel 2 – Der Vorschlag	5
Kapitel 3 – Die Ankunft	15
Kapitel 4 – Übersetzungsarbeit	27
Kapitel 5 – Die Prieuré-Jahre	37
Kapitel 6 – Reisen	53
Kapitel 7 – Letzte Tage in der Prieuré	75
Kapitel 8 – Nach der Prieuré	87
Kapitel 9 – Gurdjieffs letzter Besuch in New York	95
Kapitel 10 – Die letzten Tage	113
Nachwort	119
Appendix	
Return to the Mountains by Louise March	121
In the Shade of Notre Dame by Louise March	122
Eine Einführung in das Tibetische Totenbuch	123
Wie dieses Buch mit Louise March entstand	129
Warum ich dieses Buch übersetzt habe	135
Bild- und Quellennachweis	137
Weiterführende Hinweise	141
Personenregister	145
Index	147

Louise Goepfert March war Schülerin, Sekretärin, und die Übersetzerin der deutschen Ausgabe von *Beelzebub's Erzählungen für seinen Enkel* von G. I. Gurdjieff. Ihre Verbindung zu ihm begann 1929 und dauerte bis zu seinem Tod im Jahr 1949. Den Rest ihres Lebens widmete sie der Weitergabe seiner Lehre.

1957, mit der Zustimmung von Lord Pentland und anfangs unterstützt von Christopher Fremantle, gründete Louise March in Rochester, New York, erste Gruppen zur praktischen Arbeit mit Gurdjieffs Ideen. Zehn Jahre lang reiste sie regelmäßig von ihrer Wohnung in New York City nach Rochester, um ihre Schüler in der Anwendung der Lehre zu unterweisen.

1967 rief sie die *Rochester Folk Art Guild* ins Leben – eine handwerklich orientierte Gemeinschaft, die Gurdjieffs Prinzipien in kreativer, gemeinschaftlicher Arbeit verwirklichte. Als deren kraftvolle und inspirierende Matriarchin wurde Louise March weithin bekannt.

Ein weiterer Teil ihres Vermächtnisses ist das *Stillwood Study Center*, das bis heute von Menschen geleitet wird, die sie selbst auf diese Aufgabe vorbereitet hatte. Louise March starb im November 1987.

Annabeth McCorkle begegnete Louise March 1963 in Rochester, New York, und trat ihrer Gruppe bei, die sich mit Gurdjieffs Ideen und Praktiken beschäftigte. Ab 1978 vertiefte sie – gemeinsam mit ihrem Ehemann – die Verbindung zur Gurdjieff Foundation in New York unter der Leitung von Lord Pentland, blieb jedoch bis zu Louise Marchs Tod in enger Beziehung zu ihr.

Annabeth McCorkle ist Mitbegründerin des Stillwood Study Center, wo sie bis heute Gruppen anleitet und Movements im Sinne Gurdjieffs weiterführt.

Zu ihren Veröffentlichungen zählen: *A Pair of Warm Socks: Five Spiritual Journeys*, *Finding a Way: Essays on Spiritual Practice* und *The Rochester Years 1957–1987: The Work of Louise March*. Zudem hat sie das Kinderbuch *The Kramurg* geschrieben.

Kurze Lebenschronik von Louise Goepfert March

1900–1925
Geboren in der Schweiz; Kindheit in der Schweiz und in Deutschland. Studium an der Universität Berlin.

1926–1929
Postgraduales Studium der Kunstgeschichte am Smith College, USA. Tätigkeit an der Opportunity Gallery in New York City. Lehrtätigkeit für Kunstgeschichte am Hunter College.

1929
Begegnung mit G. I. Gurdjieff in New York City. Reise in die Prieuré in Frankreich, um *Beelzebubs Erzählungen für seinen Enkel* ins Deutsche zu übersetzen.

Februar – April 1930
Erste Reise mit Gurdjieff in die Vereinigten Staaten.

November 1930 – März 1931
Zweite Amerikareise mit Gurdjieff.

April – November 1931
Reisen durch die USA, Japan und China. Rückkehr zur Prieuré.

November 1931 – Januar 1932
Dritte Reise mit Gurdjieff in die USA.

1932
Nach Schließung der Prieuré Rückkehr nach Deutschland.

1933
Heirat mit dem Architekten Walter March. Gemeinsamer Wohnsitz in Berlin. Besuch Gurdjieffs in ihrem Berliner Zuhause.

1936
Auswanderung in die USA mit ihrer Familie.

1939
Letztes Treffen mit Gurdjieff vor dem Zweiten Weltkrieg während seines letzten Amerika-Besuchs.

1939–1948
Leben als Mutter von fünf Kindern auf der Spring Farm in Bloomingburg, New York.

Dezember 1948 – Februar 1949
Gurdjieffs letzter Aufenthalt in den Vereinigten Staaten. Begegnungen mit Louise March und ihren Kindern in New York.

1949
Auf Gurdjieffs Bitte Reise nach Europa zur Betreuung der Veröffentlichung der deutschen Ausgabe von *Beelzebubs Erzählungen*.

Mitübersetzung und Veröffentlichung der deutschen Ausgabe von *Auf der Suche nach dem Wunderbaren* (*In Search of the Miraculous*) von P.D. Ouspensky.

    29. Oktober: Gurdjieffs Tod.

1950
Veröffentlichung der deutschen Ausgabe von *All und Alles*.

    Verfasserin und Herausgabe der Broschüre "*G. Gurdjieff: Ein Hinweis auf sein Leben und Werk*".

Vorwort zur erweiterten Ausgabe

Nur wenige Monate nach der Veröffentlichung von *The Gurdjieff Years: 1929–1949, Recollections of Louise March* im Jahr 1990 war deutlich, dass ich die Nachfrage nach diesem Buch unterschätzt hatte. Die erste Auflage von 500 Exemplaren war rasch vergriffen, und weiterhin trafen Anfragen aus aller Welt ein.

In den 1990er-Jahren wurde das Buch mehrfach in anderen Werken über Gurdjieff zitiert. Interessierte Leserinnen und Leser konnten jedoch keine neuen Exemplare erwerben. Einige ließen den Text für Freunde kopieren – teils mit, meist jedoch ohne Genehmigung der Rechteinhaberin. Besonders problematisch waren gescannte Versionen von teils minderer Qualität – ein Bruch mit dem hohen sprachlichen Standard, den Louise March immer gepflegt hatte. Mit der Zeit wurden gebrauchte Exemplare im Internet oder in spezialisierten Katalogen zu einem Vielfachen des ursprünglichen Preises gehandelt.

Angesichts der anhaltenden Nachfrage entschloss ich mich zur Neuauflage des Buches. Ursprünglich wollte ich lediglich einige Druckfehler korrigieren. Doch als neues Material verfügbar wurde, entschied ich mich, dieses in die Ausgabe aufzunehmen, um den Leserinnen und Lesern ein noch tieferes Verständnis von Louise Goepfert Marchs Begegnung mit Gurdjieff zu ermöglichen.

Die wichtigsten Ergänzungen dieser erweiterten Ausgabe sind Auszüge aus Briefen, die Louise Goepfert zwischen 1929 und 1931 an Alfons Paquet schrieb. Darin schildert sie ihre ersten Eindrücke von Gurdjieff sowie die Arbeit an der deutschen Übersetzung von *Beelzebubs Erzählungen für seinen Enkel*.

Ergänzend zu den Briefen enthält das Buch zusätzliche Informationen über Louise Goepfert Marchs Beziehung und Gurdjieff und ihrer Rolle bei der Veröffentlichung der deutschen Ausgaben von *Beelzebubs Erzählungen* und *Auf der Suche nach dem Wunderbaren*, sowie eine kurze Chronologie ihres Lebens, wie es in *The Gurdjieff Years* dargestellt wird. Im Anhang finden sich zwei Gedichte von Louise March, ihr Aufsatz zur *Tibetischen Totenbuch-*

Lektüre im Lichte von Gurdjieffs Werk, sowie eine überarbeitete Fassung des Vorworts der Erstausgabe von 1990. Auch das Bildmaterial wurde erweitert und ein Register hinzugefügt.

Redaktionell wurden einige Begriffe wie „Galumnian" und „Svetchnikoff" an die Schreibweise in James Moores Gurdjieff-Biografie (1991) angepasst. Absätze, die sich ausschließlich auf die March-Kinder beziehen und wenig zum Verständnis von Gurdjieff oder Louise March beitragen, wurden gekürzt oder entfernt. Anmerkungen von Louise March stehen wie bisher in Klammern, meine eigenen Ergänzungen in eckigen Klammern. Zitate aus Briefen und Notizen von Louise March sind kursiv gesetzt, soweit sie im Original vorlagen. Der übrige Text basiert auf Gesprächen, die ich im Sommer und Herbst 1987 mit Louise March geführt habe. Die Tonaufnahmen dieser Interviews befinden sich in meinem Besitz.

Die Veröffentlichung beider Ausgaben verdankt sich dem Engagement vieler Beteiligter. Ich empfinde große Dankbarkeit gegenüber allen, namentlich und ungenannt, die zum Entstehen beigetragen haben. Besonders hervorheben möchte ich den Beitrag von Niko Papastefanou, einem deutschen Muttersprachler mit hervorragenden Englischkenntnissen. Ihm verdanke ich den Hinweis auf die Briefe von Louise Goepfert an Alfons Paquet, deren Auffindung, Entzifferung in deutscher Kurrentschrift und behutsame Übersetzung er geleistet hat.

Darüber hinaus stellte Niko ergänzende Dokumente zur Verfügung, die Louise Marchs Erinnerungen bestätigten und vertieften. Er koordinierte auch die Einholung wichtiger Rechte für Texte und Bilder dieser Ausgabe. Obwohl wir uns nie persönlich begegnet sind, betrachte ich Niko als Freund und Mitstreiter – ohne ihn wäre dieses Buch lediglich eine Nachauflage geblieben.

Niko – und damit auch ich – sind Dr. Oliver Piecha zu Dank verpflichtet, der Niko auf den Nachlass von Alfons Paquet aufmerksam machte. Mein Dank gilt ebenso Frau Raschida Mansour von der Universitätsbibliothek Johann Christian Senckenberg in Frankfurt am Main für die Unterstützung bei der Recherche und Genehmigung zur Reproduktion eines der Briefe.

Vorwort zur erweiterten Ausgabe

Ich danke Herrn Thomas Matyk vom MAK – Museum für angewandte Kunst Wien – für die Genehmigung, das von Josef Binder gestaltete Buchcover der deutschen *All und Alles*-Ausgabe von 1950 abzubilden. Charles van Horne danke ich für die Fotos von Gurdjieff und seiner „Familie", aufgenommen im Winter 1930/31 von seiner Großtante Tony von Horn. Die Rochester Folk Art Guild stellte freundlicherweise ein Foto von Louise March und zwei ihrer Gedichte zur Verfügung.

Zudem bin ich den Archivarinnen der Smith und Hunter Colleges für Dokumente aus Louise Goepferts früherem Leben dankbar. Auch ein Brief des damaligen Smith-Präsidenten William Allan Neilson wurde mit Genehmigung zitiert.

George Baker und Joe Rosensteil gaben mir nach der Erstausgabe wertvolle Rückmeldungen, viele davon wurden übernommen. Tom Daly teilte in einem ausführlichen Schreiben seine Erfahrungen mit der Herausgabe des de-Hartmann-Buchs *Our Life with Mr. Gurdjieff* und der Gurdjieff–de Hartmann Musik – seine Hinweise waren sehr hilfreich. Jack Cain ergänzte philologische Aspekte zu *Beelzebubs Erzählungen*. Elizabeth Evans ermutigte mich nachdrücklich zur Neuveröffentlichung.

Mein Dank gilt auch Paul Schliffer, Michael Hunter, Sylvia March sowie Maria Lennig (geb. Goepfert), die Erinnerungen an ihre Schwester Louise einbrachte. Mitglieder des Stillwood Study Center – darunter Elizabeth Rowe, Mary Jo Pace, Brian Orner – leisteten redaktionelle und technische Beiträge.

Bereits vor Erscheinen der Erstausgabe 1990 gaben Michel de Salzmann, Pauline de Dampierre und Paul Reynard hilfreiche Hinweise. Peggy Flinsch reiste aus eigener Initiative nach Rochester, um das Projekt mit mir zu besprechen. Mitglieder der Gurdjieff Foundation of California – insbesondere Fredrica Parlett und Henry Jacobson – trugen zur Verbesserung des Textes bei. Judith Mallinson, Carol Kerner, Linda Lindenfelser, Judith Maloney, Leslie Light (Layout) und Barry Perlus (Fotoaufbereitung) halfen mit vielfältigem Fachwissen.

Zuletzt danke ich meinem Ehemann Mac für seine unerschütterliche Unterstützung – durch beide Buchausgaben hindurch.

Annabeth Waddell McCorkle

November 2011

Einführung

„Du bist der Dunkle, der Unbewusste", schrieb Rilke. *„Schwer zu erkennen bist Du."* [1]

Schon während meiner Kindheit in der Schweiz und in Deutschland, zu Beginn des zwanzigsten Jahrhunderts, lebte ich mit der stillen Erwartung, eines Tages einem großen Menschen zu begegnen. Ich stellte mir vor, ihn in fernen, geheimnisvollen Regionen zu treffen – im Himalaya oder am Fujiyama. In gewisser Weise wartete ich – ohne zu wissen, auf jemanden. Ich hielt mich von den Menschen fern. Ich sehnte mich nicht nach der Welt.

Dann kam eine Zeit in New York City, in der die Ideale meiner Kindheit zu verblassen begannen. Der Drang, mir in der Welt einen Platz zu erkämpfen, wurde bestimmend. Ich hatte zwei Anstellungen, ließ mich vom gesellschaftlichen Leben des schillernden New Yorks mitreißen. Materielle Dinge schienen das Einzige zu sein, wofür es sich zu arbeiten lohnte. Ich wollte einen Millionär finden.

Und doch blieb jene Erwartung bestehen – dass ich eines Tages einem großen Menschen begegnen würde. Ihre Erfüllung kam nicht dort, wo ich sie erträumt hatte, sondern hier in Amerika, im Jahr 1929, als ich George Ivanovitch Gurdjieff traf. Er rief mich zu sich, um ihm und seiner Aufgabe zu dienen. Ich erkannte in ihm den, auf den ich gewartet hatte. Und alles veränderte sich.

---

[1] Rainer Maria Rilke, *Das Stundenbuch* (bestehend aus drei Büchern); *Vom mönchischen Leben*.

Kapitel 1 – Vorbereitung

Ich wurde am 30. August 1900 in der Schweiz geboren und verbrachte dort meine früheste Kindheit. Unsere Familie lebte in einem großen Haus – eines von mehreren, die von Angestellten der Spinnerei bewohnt wurden, in der mein Vater als Kassierer arbeitete.

Von Anfang an war mir die Natur wichtig. Mit jedem Gast, der uns besuchte, bestiegen wir die schneebedeckten Höhen des Jura zwischen der Schweiz und Deutschland. Meine drei Jahre jüngere Schwester Maria wurde meist von einem Erwachsenen getragen – ich aber schaffte den Aufstieg stets aus eigener Kraft.

Später, in Deutschland, begleiteten Maria und ich unseren Vater oft auf Spaziergängen durch die Wälder in der Nähe unserer Wohnung und auf dem Taunus, dem Höhenzug westlich von Frankfurt. Unser Vater freute sich, wenn wir ihn auf diesen Ausflügen begleiteten.

Er war ein sanftmütiger Mann, der das Theater und die Kunst liebte. Man sagte, dass er – bevor er meine Mutter heiratete – täglich ins Theater ging. Seinem Einfluss verdankten wir viele Besuche im Städel-Museum für Malerei und im Liebieghaus für Skulptur.

In unserer Familie ging die stärkere Kraft eher von meiner Mutter aus. Sie war praktisch veranlagt und widmete viel Zeit „guten Werken" in Kirche und Gemeinde. Dabei war sie auch sehr fordernd.

Ich bemühte mich immer, ihr zu gefallen, aber es war nie genug. Einmal wollte ich sie überraschen, indem ich ihre Bügelwäsche erledigte, während sie außer Haus war. Doch bevor sie ging, sagte sie: „Du könntest ja das Bügeln machen, während ich weg bin."

Ein anderes Mal behauptete ein Mädchen aus meiner Klasse, ich hätte ihren Ohrring zerbrochen. Ihre Mutter beschwerte sich bei meiner – die ihr sofort Glauben schenkte. Als ich beteuerte, dass ich den Ohrring nicht beschädigt hatte, glaubte sie mir nicht. Das konnte ich ihr nie verzeihen.

Kritik war typisch für meine Mutter. Selbst als ich erwachsen war und mein Studium am Smith College abgeschlossen hatte, beanstandete sie mein Make-up und meine Frisur mit dem Pony auf der Stirn.

Als Kind fühlte ich mich wie eine Fremde in meiner eigenen Familie. Ich erinnere mich noch, wie meine Mutter sagte: „Du hättest in eine andere Familie geboren werden sollen."

Nachdem Herr Gurdjieff sie Anfang der 1930er Jahre in Frankfurt kennengelernt hatte, sagte er: „Wie ist es möglich, dass eine solche Tochter eine solche Mutter hat – und umgekehrt? Ich habe Mitleid und nehme die Tochter in meine Familie auf."

Während dieses Besuchs betrachtete er aufmerksam alle Bilder im Haus. Besonders intensiv studierte er ein Porträt meiner anderen Schwester – einer engelsgleichen Blondine, die nach langer Krankheit mit zwei Jahren verstarb. Was mochte er darin gesehen haben?

Als ich sieben war und kurz vor der Einschulung stand, wurde in einer nahegelegenen Stadt ein Mädchen ermordet. Meine Eltern hielten die Schweiz nicht mehr für sicher – also zogen wir nach Frankfurt. Dort bezogen wir eine großzügige Wohnung in der Nähe des Mains. Maria und ich wurden in eine sehr gute, von Nonnen geleitete Privatschule eingeschult.

Der Umzug war kein glücklicher. Den Rest meiner Kindheit hörte ich immer wieder den Satz: „Wären wir doch in der Schweiz geblieben."

In Deutschland trat mein Vater in das alte Familienweingut in Würzburg ein, das Bocksbeutel herstellte. [Der Bocksbeutel ist seit 1726 ein Symbol für Frankenwein.] Er war sehr erfolgreich im Export deutscher Weine nach Russland. Man sagte ihm nach, er könne einen Wein verkosten und sagen, aus welchem Jahrgang er stamme und wo die Trauben gewachsen seien.

Als der Erste Weltkrieg begann, wurde mein Vater – obwohl er schon über vierzig war – zur deutschen Armee eingezogen. Wegen seiner schwachen Konstitution litt er sehr. Er verlor fast den Verstand.

Ich war ein einsames Kind, ohne Freunde – außer Maria. Ich hielt sie für ganz die Mutter, mich für ganz den Vater. Wir waren verschieden, verstanden uns aber gut. Sie spülte und trocknete das Geschirr, während ich ihr Gedichte und Geschichten vorlas – mit dramatischem Schwung. Medea und andere Tragödien gehörten zu unseren Favoriten.

Ich lebte in einer Welt aus Märchen, Legenden und Mythen – mit leidenden Königen und Opfern für edle Ziele. Den Gral zu finden und an seiner Gemeinschaft teilzuhaben, war mein größter Wunsch.

Ich war tief bewegt von Wolfram von Eschenbachs *Parzival* und Wagners *Parsifal*, besonders vom Bild des Grals, der von Engeln in der Luft gehalten wird, bis ein würdiger Hüter erscheint.

Ich empfand viel für Amfortas, den Gralswächter mit der blutenden Wunde. In diesen deutschen Fassungen stellt Parzival – aus Gehorsam gegenüber seiner Erziehung – keine Fragen, auch nicht die mitfühlende: „Woher stammt deine Wunde?" Ich bin sicher: Ich hätte gefragt. Oder zumindest mit ihm gelitten.

Meine streng katholische Erziehung machte die christliche Geschichte für mich lebendig und greifbar. Oft wünschte ich mir, zur Zeit Jesu gelebt zu haben. Schon als Kind beneidete ich Maria Magdalena, die ihm die Füße salbte und mit ihrem Haar trocknete.

Die stille Maria unter dem Kreuz blieb mir fremd. Die leidenschaftlich trauernde Magdalena verstand ich viel besser.

In meiner frühen Jugend wollte ich ins Kloster gehen, als Braut Christi – um mich zu läutern und ihm näher zu sein.

In meinen späten Teenagerjahren wandte ich mich enttäuscht von der Kirche ab. Ich las das *Mahabharata*, das indische Epos über Mensch, Leben und Götter, mit großem Respekt. Ich lernte eine liebenswerte hinduistische Familie kennen. Die Vorstellung der Kirche, diese guten Menschen seien „unerlöst", war mir unerträglich. Für dieses Urteil verurteilte ich die Kirche.

Was die irdische Liebe betrifft, so erwachte ich spät. Die gewöhnliche Beziehung zwischen Mann und Frau erschien mir zu begrenzt. Gewöhnliche Männer zogen mich nicht an. Ich interessierte mich nur für Männer, in denen Ideen lebten.

Der Impuls, anderen zu helfen, war in mir früh wach – zweifellos von meiner Mutter übernommen. In der katholischen Schule war ich Klassensprecherin. Wenn es Probleme mit Mitschülerinnen gab, war ich dafür verantwortlich, sie zu den Nonnen zu bringen. Meistens ließ sich alles klären.

Später war auch meine Galerie in New York Teil dieses inneren Auftrags. Ich half vielen noch unbekannten Künstlern, indem ich sie mit wohlhabenden Mäzenen zusammenbrachte.

Heute – in meinen Achtzigern – denke ich: Die einzige Hilfe, die wirklich zählt, ist, Menschen dabei zu helfen, sich selbst zu erkennen. Und doch: Herr Gurdjieff unterstützte viele alte Russen und Angehörige, die in schweren Zeiten in einem fremden Land gestrandet waren, auch ganz materiell.

Wie kann man da nicht helfen – wenn man Mensch ist?

Kapitel 2 – Der Vorschlag

Nachdem ich an der Universität Frankfurt studiert hatte, setzte ich mein Studium an der Universität Berlin fort. Eines Tages im Jahr 1925 schlug mir mein Philosophieprofessor, Dr. Max Dessoir – ein bekannter Ästhetiktheoretiker – vor, mich für das neue Internationale Studentenaustauschprogramm zu bewerben.

Er sagte: „Ich möchte Sie ungern als Studentin verlieren, aber ich denke, es könnte gut für Sie sein. Seit der Erkrankung Ihrer Mutter wirken Sie verändert. Möchten Sie für ein Jahr nach Amerika gehen? Darf ich Ihren Namen an Dr. Werner Picht weitergeben, der das Programm hier in Europa vertritt?"

Ich sagte: „Natürlich, ja."

Fast ein Jahr später, als ich das Programm schon fast vergessen hatte, erhielt ich die Mitteilung, dass ich in wenigen Wochen in die Vereinigten Staaten ausreisen sollte. Als diese Nachricht kam, war ich gerade an der Riviera – in Begleitung zweier Redakteure einer Berliner Zeitung. Ich fing an zu weinen.

Ich wollte nie wirklich nach Amerika. Ich habe nur zugestimmt, weil mein Professor meinte, es sei gut für mich.

Meine Begleiter rieten mir dringend, diese große Chance nicht ungenutzt zu lassen. Also fasste ich Mut – und reiste nach Amerika. Es war September 1926. Ich war sechsundzwanzig Jahre alt.

Ich verbrachte das Jahr mit einem Aufbaustudium in Kunstgeschichte am Smith College in Massachusetts. Im darauffolgenden Sommer begleitete ich auf Empfehlung von Smith-Präsident Dr. William Allan Neilson eine Gruppe junger Menschen auf einer Kunstreise durch Europa.

[In einem Brief vom 12. Februar 1927 an William Carlisle schrieb Neilson u.a.: „Miss Goepfert spricht sowohl Französisch als auch Deutsch und besitzt eine Kenntnis Europas, die sie zu einer wertvollen Anstandsdame für eine Ihrer Gruppen macht. Sie ist Kunststudentin und verfügt über umfangreiches Wissen über Kunst und Architektur."[1]

Als eine der wenigen ausländischen Studierenden war ich am Smith College eine Art kleine Berühmtheit und bei vielen Veranstaltungen sehr gefragt. Es wurde ein spezieller Fonds eingerichtet, der es mir ermöglichte, in den Ferien innerhalb der USA zu reisen.

Auf einer dieser Reisen besuchte ich Alfred Stieglitz' Galerie in New York City. Stieglitz fasste sofort Sympathie für mich – vielleicht, weil ich Deutsche war und er sich an seine Studienzeit in Berlin erinnerte.

Als ich gehen wollte, sagte er: „Kommen Sie bald wieder. Sie müssen Miss O'Keeffe kennenlernen."

Beim nächsten Besuch traf ich Georgia O'Keeffe und sah eine Ausstellung ihrer Werke. Ich erkannte sofort die Bedeutung ihrer Kunst. O'Keeffe und Stieglitz freuten sich, dass meine Einschätzung sich deutlich von jener Maier-Grafes unterschied, des damals bekanntesten deutschen Kunstkritikers. Er hielt ihre Werke für bloß dekorativ.

Ich verließ die Galerie gemeinsam mit O'Keeffe – ganz in Schwarz und Weiß gekleidet, wie immer, und mit flachen Schuhen.

Ich erinnere mich noch gut an ihren langen Schritt und meine Freude, neben ihr zu gehen. Wir passten gut zusammen. Aus dieser Begegnung erwuchs eine Freundschaft – wir trafen uns mindestens einmal im Jahr bis zu ihrem Tod im Jahr 1986. [2]

Im Jahr nach unserer ersten Begegnung half O'Keeffe mir, mich in New York zu etablieren. Sie vermittelte mir eine Stelle in der Opportunity Gallery – einer Galerie für junge, noch unbekannte Künstler ohne Einzelausstellungen. Auch Präsident Neilson unterstützte mich: Er vermittelte mir eine Dozentur am Hunter College im Fachbereich Kunst.

---

[1] Smith College Archives.
[2] Ergänzendes Material zur Beziehung zwischen Louise Goepfert March und Georgia O'Keeffe findet sich in: Roxana Robinson, *Georgia : A Life* (New York: Harper & Row, 1989).

Kapitel 2 – Der Vorschlag

Zwischen 1927 und 1929 unterrichtete ich Kunstgeschichte der Renaissance und der Moderne sowie Bildhauerei.

Mit der Zeit fand ich meinen Platz in der New Yorker Kunstszene. Ich wurde Teil eines bestimmten Kreises von Künstlern und Schriftstellern, die sich im Haus der drei Stettheimer-Schwestern trafen:

Ettie, die erste Amerikanerin mit deutschem Doktortitel in Philosophie, Schriftstellerin und Freundin des Verlegers Alfred Knopf; Florene, eine hochangesehene Malerin; und Carrie, die ein Puppenhaus gebaut hatte, das heute im Museum of the City of New York steht.

Die Stettheimer-Abende begannen meist um neun Uhr. Die Gäste erschienen stets in eleganter Abendgarderobe.

Auf einer dieser Partys wurde ich A. R. Orage vorgestellt, von dem ich über Carl Zigrosser, den Direktor der Weyhe Gallery, gehört hatte. Ich sagte zu ihm:
„Sind Sie nicht derjenige, der dieses besondere Buch liest – von einem Mann, dessen Namen ich nicht ganz aussprechen kann?"

Er antwortete: „Ja. Gurdjieff heißt er. Wenn Sie interessiert sind, setze ich Sie auf die Liste. Wenn wir wieder mit dem Lesen beginnen, werden Sie eingeladen."

Nach unserem Gespräch zog sich der Abend wie üblich hin. Es sollte Hummer geben – aber erst nach Mitternacht.

Noch bevor er serviert wurde, kam Orage zu mir zurück:
„Ich frage mich, ob Sie jetzt mit mir kommen wollen. Ich soll in der Carnegie Hall sein – um Mr. de Hartmann zu hören, wie er Gurdjieffs Musik spielt."
Ich überlegte kurz und sagte: „Ja."
Ein klein wenig bedauerte ich, dass ich den Hummer verpassen würde.

Wir gingen gemeinsam von der Wohnung der Stettheimers zur Carnegie Hall und fuhren mit dem Aufzug in eines der oberen Studios. Der Raum war voller Rauch – und durchdrungen von der eindrucksvollsten Klaviermusik, die ich je gehört hatte.

Als Orage sich zu Gurdjieff nach vorne begab, setzte ich mich auf einen freien Platz ganz hinten.

Ich konnte Gurdjieff kaum durch den Dunst erkennen – aber ich hörte, wie er Orage wegen seiner Verspätung laut tadelte.

Als er schwieg, begann Herr de Hartmann wieder zu spielen. Tief beeindruckt hörte ich zu.

Wie kann ich die Andersartigkeit dieser Musik beschreiben? Sie drang anders in mich ein – nicht automatisch, sondern bewusst.

Nach dem Stück nahm Gurdjieff Orage erneut „unter seine Peitsche". Musik und schroffe Ausbrüche wechselten sich ab.

Ich mochte den Rauch und das Getöse nicht – also verließ ich leise das Studio und rief den Aufzug.

Als dieser endlich kam und ich einstieg, durchzuckte mich ein elektrischer Impuls – als ob mich ein Blitz von hinten getroffen hätte.

Ich drehte mich um.
Da war Gurdjieff.
Er trat ein. Die Türen schlossen sich.

„Sie hier?" fragte er.

Ich dachte: Was für eine Frage – natürlich bin ich hier.
„Wohin gehen? Was tun?"
„Oh", sagte ich lächelnd, „ich gehe zurück zu einer sehr interessanten Party. Schriftsteller, Maler – die Intelligenzia von New York. Kommen Sie doch mit."

Mein Job in der Opportunity Gallery hatte mir beigebracht, wie man ein „guter Mixer" ist – jemand, der Menschen miteinander verbindet. Ich glaubte, ich könnte auch Gurdjieff dazu bewegen, mitzukommen. Was für ein Coup das wäre!

Er schien interessiert. Ich war hoffnungsvoll.

Als wir im Erdgeschoss ankamen und gerade die acht Stufen vor der Carnegie Hall hinuntergehen wollten, legte Gurdjieff seine Hand auf meine Schulter.

„Stopp", sagte er. „Leute warten auf mich. Ich kann nicht gehen. Ch… ch…il…ds. Wo ist Child's?"

Er sprach den Namen des Restaurants mit Mühe aus – fast schmerzhaft.

„Nun", sagte ich, „es gibt zwei „Child's". Eines am Columbus Circle, eines an der Fifth Avenue. Welches meinen Sie?"

„Fi…fif… Fifth Avenue", stotterte er. Dann drückte er leicht meinen Arm: „Wo?"

Er wirkte wie ein hilfloser Fremder, der sich in der Großstadt verirrt hatte – so überzeugend gespielt, dass ich sicher war, er käme ohne mich nicht zurecht. Ich wünschte mir sogar, ihm helfen zu dürfen.

Wir gingen langsam die 57th Street entlang. Seine Schritte waren fest, die Füße leicht nach außen gedreht, die Arme hinter dem Rücken verschränkt – er ging wie kein anderer.

„Was machen Sie? Woher kommen Sie?" fragte er.

In den zwei Blocks bis zum Restaurant hatte er mir fast mein ganzes Leben entlockt. Besonders freute er sich, als ich erwähnte, dass ich zwei Jobs hatte und meine Mutter unterstützte.

Als wir an einem Schaufenster von Henri Bendel vorbeikamen – dort kauften die Stettheimer-Schwestern ihre eleganten Kleider – blieb mein Blick kurz an den Abendroben hängen. Ich wollte selbst elegant sein.

Gurdjieff bemerkte es und wischte den Gedanken mit einer Geste beiseite – mit einer Leichtigkeit, die zugleich eine Wucht hatte.

Ich spürte: Meine Sehnsucht nach Eleganz war nur Oberfläche. Innerlich bedeutete sie mir nichts.

Als wir im Restaurant „Child's" ankamen, nahm das Garderobenmädchen Gurdjieffs russische Mütze mit einer Mischung aus Freude und Ehrfurcht entgegen. Er ging zielstrebig auf eine Gruppe zu, die sich um zwei zusammengeschobene Tische versammelt hatte. Alle Blicke wandten sich mir zu.

Gurdjieff zog mir einen Stuhl heran, setzte sich mit dem Rücken zu den anderen und schaute mich an. Wir sprachen weiter.

Als er seinen Weinkeller in der Prieuré erwähnte – seinem Schloss in Avon bei Fontainebleau – wurde ich hellhörig, denn mein Vater hatte eine tiefe Verbindung zum Wein.

Während Gurdjieff sprach, hatte ich das starke Gefühl, dass wir weit entfernt von allem anderen waren. Es schien, als könnte nur ich hören, was er sagte.

Plötzlich wurde ich mir bewusst: In welcher Sprache spricht er eigentlich? Verstehe ich ihn? Wo bin ich?

Etwas in mir hörte zu – aber es war nicht mein Körper.

Als sich Gurdjieff schließlich zu den anderen wandte, entschuldigte ich mich und ging.

Draußen auf der Straße fühlte ich mich so verwirrt, wie Gurdjieff vorhin vor der Carnegie Hall gewirkt hatte. Ich blieb stehen – und sah die Wahl.

Links: die Party, der Hummer, mein bisheriges New Yorker Leben.

Rechts: mein Hotelzimmer – ruhig, unbekannt, aber irgendwie echter.

Ich bog nach rechts ab.

Den Rest der Nacht fühlte ich mich bewegt, verändert, getragen. Ich konnte nicht schlafen – stattdessen begannen sich Fragen zu formen, die sich jeder stellt, der das Glück hat, mit Gurdjieff in Berührung zu kommen:

Was ist das Leben? Warum bist du hier?

Du liebst New York – wegen des Glanzes? Bist du nicht einfach ehrgeizig?

So ging es bis zum Morgen. Und doch fühlte ich mich am nächsten Tag besser, als hätte ich tief geschlafen.

Am Abend war ich bei Freunden der Stettheimers eingeladen – in die Architectural League, wo ich oft an Dinners, Tanzabenden und Vorträgen teilnahm.

Meine Gastgeber, die Kaisers, waren Gönner meiner Galerie: er Bildhauer, sie Innenarchitektin. Sie holten mich mit dem Auto ab.

Als wir uns dem „Child's" näherten, sagte ich plötzlich:

Kapitel 2 – Der Vorschlag

„Oh bitte, halten Sie kurz an. Ich muss kurz jemanden treffen."

Ich ließ die Kaisers im Wagen zurück und betrat das Restaurant – auf der Suche nach Gurdjieff.

Ich trug einen korallenroten Samtabendmantel, auf den ich sehr stolz war. Ich hoffte, Gurdjieff würde ihn bemerken.

Er saß an einem Tisch und schrieb. Als ich ihn erreichte, blickte er auf.

„Setzen Sie sich!", sagte er.

„Oh nein", entgegnete ich. „Ich bin auf dem Weg zu einer Verabredung. Ich kann nicht."

„Warum bist du dann gekommen?"

„Ich wollte Ihnen sagen, dass ich nicht geschlafen habe. Alles hat sich verändert."

Dann lief ich zurück zum Auto der Kaisers.

Einige Wochen später betrat ich eines Nachmittags die russische Teestube in der 57th Street – damals noch ein einfacher Treffpunkt für Musiker und Schriftsteller.

Gurdjieff saß an einem Tisch. Ich begrüßte ihn herzlich – und war über seinen Empfang erstaunt.

Er nahm die Brille ab, schaute mich lange an, als müsse er sich erinnern – dann sagte er:

„Ah ja, ich erinnere mich. Einmal vergebe ich. Kein zweites Mal."

Ich war schockiert. „Vergeben? Was vergeben?"

„Du erinnerst dich nicht einmal. Ich habe gewartet – im „Child's", am nächsten Tag. Warum bist du nicht gekommen?"

Mir wurde heiß. Der Boden schien unter mir zu schwanken. Ich dachte:

Ich kann mich an keine Verabredung erinnern. Aber er spricht mit solcher Autorität – vielleicht hat er es doch gesagt? Vielleicht habe ich es einfach nicht verstanden?

Diese Ungewissheit quälte mich – jahrelang.

Aber dann erinnerte ich mich an seine Worte: „Einmal – nur einmal – vergebe ich."

Vom Tea Room gingen wir gemeinsam in seine Wohnung an der Ecke 59th Street / Central Park South. Ich beobachtete ihn beim Kochen – alles schmeckte ungewöhnlich und köstlich.

Ich war wie verzaubert, in einer anderen Welt. Die anderen Gäste interessierten mich kaum – außer Olga de Hartmann, die viel sprach und mich spürbar missbilligte.

Sie fragte mich: „Zu welcher Gruppe gehören Sie?"

Ich verstand nicht, was sie meinte.

In meiner Zeit in New York war ich mit Alexander und Gela Archipenko aus Berlin befreundet. Wenn ich abends keine anderen Verpflichtungen hatte, aßen wir zusammen – bei ihnen oder auswärts.

Eines Tages sagte Gela: „Ein alter Freund aus meiner Kindheit in der Marchstraße kommt – hilf mir bitte, ihn zu bewirten."

Der Gast war Walter March, ein junger Architekt.

Bald darauf war ich mit Walter zum Mittagessen im „Child's" verabredet.

Als wir ankamen, winkte uns Gurdjieff zu sich an den Tisch. Wir aßen zusammen.

Gurdjieff dominierte das Mahl. Am Ende gab er ein großzügiges Trinkgeld – das gefiel mir.

Als wir gingen, sagte das Garderobenmädchen zu mir:

„Ah, Sie sind mit diesem Mann unterwegs? Er muss ein Millionär sein."

Gurdjieff lud mich ein, einer Lesung aus *Beelzebubs Erzählungen für seinen Enkel* beizuwohnen.

Ich erklärte, dass ich abends am Hunter College unterrichte und daher nicht rechtzeitig da sein könne.

Er sagte nur: „Kommen Sie, wenn Sie können. Aber rufen Sie Mme de Hartmann an. Wohin, ich nicht weiß."

Ich rief an – mehrmals. Mme de Hartmann fragte erneut: „Zu welcher Gruppe gehören Sie?" Oder sagte: „Wir wissen noch nicht, wo es stattfinden wird."

Ich blieb hartnäckig. Ich klopfte – bis sich die Tür öffnete.

Kapitel 2 – Der Vorschlag

Am nächsten Montagabend, nach meinem Unterricht am Hunter College in Brooklyn, fuhr ich direkt nach Manhattan – ins Atelier von Muriel Draper, wo die Lesung stattfinden sollte. Der Raum war überfüllt.

Als ich eintrat, unterbrach Gurdjieff den Vorleser: „Genug, genug."

Er führte mich zu einem großen, roten Stuhl mit hoher Lehne. Alle blickten mich an, als ich mich neben ihn setzte. Ich fühlte mich völlig exponiert.

Gurdjieff sagte: „Sehr wichtig. Ein weiteres Kapitel."

Jemand begann, das letzte Kapitel von *Beelzebubs Erzählungen* zu lesen – damals unter dem Titel „Bergpass", heute bekannt als „*Das gesetzmässige Resultat unparteiischen Denkens*".

Während der Lesung saß Gurdjieff still da – und beobachtete mich mit voller Intensität.

Alle waren ganz Ohr. Ich war überwältigt. Ich spürte die Wahrheit von allem.

Ich lag die ganze Nacht wach – getragen von der Kraft der inneren Bilderwelt des Buches.

Die kosmische Prozession der Egolionopti verband sich mit den unausgesprochenen Idealen meiner Kindheit.

Ich berührte einen Zustand, der selten, jenseitig war.

Ich bin *Beelzebubs Erzählungen* zutiefst dankbar für diese gesegnete, schlaflose Nacht.

Von da an sah ich Gurdjieff häufiger.

Er lud mich oft zum Mittagessen bei „Child's" ein – nur einen Block von meiner Galerie in der 56th Street entfernt –, oder zu Lesungen und Abendessen in seiner Wohnung.

Eines Tages sagte er, er wolle, dass ich einem kleinen Kreis deutschsprachiger Zuhörer – darunter auch dem Schweizer Generalkonsul Robert J. F. Schwarzenbach – aus der deutschen Übersetzung von *Beelzebubs Erzählungen* vorlese.

Ich war Herrn Schwarzenbach bereits einmal begegnet, als ich mich über einen dauerhaften Aufenthalt in den USA erkundigte.

Als alle eingetroffen waren, bat mich Gurdjieff: „Lesen. Klar und deutlich. Jedes Wort gleich!"

Die Übersetzung, die ich vorlas, war altmodisch, teils seltsam klingend. Sie stammte von alten Russen, die Gurdjieffs Anweisung „Wort für Wort – in der richtigen Reihenfolge" buchstabengetreu befolgt hatten.

In einer Lesepause tranken wir türkischen Kaffee.

Schwarzenbach wandte sich an Gurdjieff:
„An Ihrer Stelle würde ich Fräulein Goepfert mit der Übersetzung betrauen. Sie spricht ausgezeichnetes Deutsch."

Alle schienen erschrocken, als Gurdjieff antwortete: „Ich habe bereits einen Vorschlag gemacht."

Bald wurde mir klar, dass dieser Vorschlag sehr real war.

Er sagte: „Wenn du nicht verheiratet bist oder in einer Ehe-ähnlichen Beziehung lebst – komm zu mir."

Er wollte, dass ich mit ihm nach Frankreich gehe – ins Château du Prieuré –, um *Beelzebubs Erzählungen* ins Deutsche zu übersetzen.

Er drängte mich zu sofortiger Abreise. Doch das war unmöglich: Ich war bis Juni an die Opportunity Gallery und das Hunter College gebunden.

Ich versprach ihm, dass ich kommen würde, sobald meine beruflichen Verpflichtungen erfüllt waren.

Er bat mich, ein Telegramm an Frau de Hartmann zu schicken, um ihr meinen Ankunftstermin mitzuteilen.

Es war Winter – ich glaube, Februar – als er nach Europa zurückkehrte.

Das Jahr war 1929.

Kapitel 3 – Die Ankunft

Nachdem Gurdjieff New York verlassen hatte, erfuhr ich, dass er Dr. Alfons Paquet kannte – einen guten Freund von mir aus Frankfurt. Paquet hatte meine Feuilletons geschätzt und mich zu den Autorencafés der Frankfurter Zeitung eingeladen.

[Paquet war ein Mann der Ideen und des sozialen Gewissens – ein angesehener Journalist, überzeugter Pazifist und leidenschaftlicher Weltreisender.]

Nicht lange nach meiner Begegnung mit Gurdjieff schrieb ich ihm:

Ich gehöre durchaus nicht zu der Gemeinde hier unter Leitung des brillanten Orage, der „die Methode" praktiziert, noch zu den wortgewandten Leuten, die verstummen, sobald Gurdjieff den Raum betritt.

Der Zufall hat uns zusammengeführt, und obwohl Sprache ein Hindernis war, entstanden sofort gegenseitiges Interesse und Verständnis.

Ob ich in die Prieuré gehe, um die deutsche Übersetzung zu betreuen, steht noch nicht fest. Ich kenne die Schwierigkeiten.

G. ist eigensinnig, selbst wider besseres Wissen. Es gibt keinen materiellen Vorteil für mich – und ich würde mein Metier, die Kunst, verlassen.

Bitte schreiben Sie mir offen Ihre Meinung – so offen, wie Sie zu sich selbst sprechen würden. Und seien Sie so freundlich, Gurdjieff nie wissen zu lassen, dass ich Sie um Rat über ihn gebeten habe. [1]

Aus Paquets Antwort erfuhr ich, dass er Gurdjieff 1921 in Konstantinopel kennengelernt hatte – bei einer Vorführung der „heiligen Tänze" – und später erneut in Berlin.

[In einem Brief an Harald Dohrn, Gurdjieffs Ansprechpartner in Hellerau, schrieb Paquet:

---

[1] Nachlass A. Paquet (II) A 8 III (Goepfert, Louise) – 23. März 1929. Universitätsbibliothek Johann Christian Senckenberg Frankfurt am Main,.

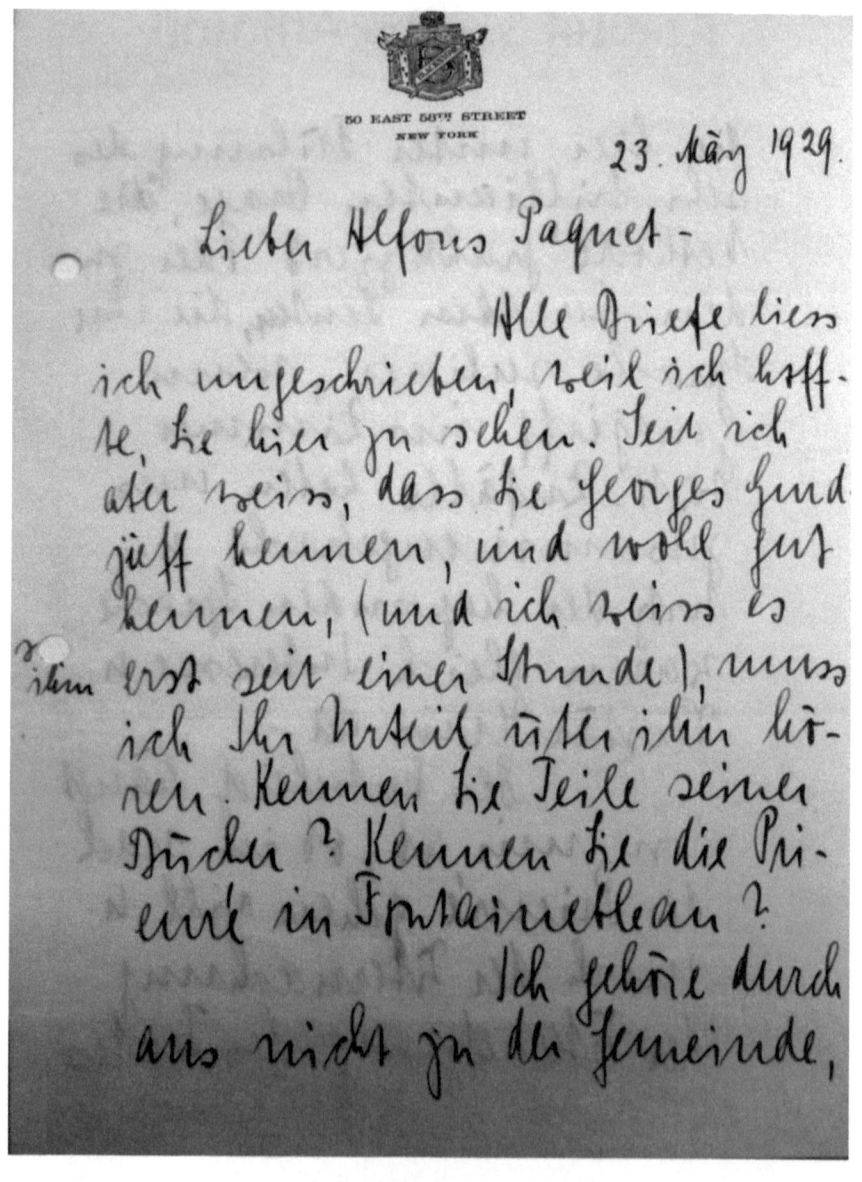

Erster Brief von Louise Goepfert an Alfons Paquet, 23. März 1929

Kapitel 3 – Die Ankunft

„In Berlin sah ich nie Übungen wie in Konstantinopel. G. übergab mir das Manuskript eines Tanz-Mysteriums. Aus Gefälligkeit übertrug ich den fehlerhaften Text ins Deutsche und ließ ihn abtippen. Ich warte noch heute auf Antwort." [1]

Leider ist dieses Manuskript – vermutlich *Der Kampf der Magier* – im Nachlass nicht erhalten.]

Paquet kannte Gurdjieff vor allem als Erzähler von Abenteuern, nicht als Lehrer. Und doch hatte er erstaunlich viel über die Universalität seiner Lehre verstanden. Er schätzte Gurdjieff sehr – verbunden mit einer Warnung:

Gurdjieff und seine Lehre gehören zu den interessantesten Dingen unserer Zeit.

Ich persönlich habe nur Gutes erlebt. Aber er ist ein Mann mit sehr starkem Willen – für manche womöglich gefährlich.

Es geht darum, ein Risiko einzugehen. [2]

Die vier Monate zwischen Gurdjieffs Abreise aus New York und meiner eigenen waren schwierig.

Zu viele Stimmen, meist ungefragt, kommentierten mein Vorhaben. Einige erzählten hässliche Geschichten über Gurdjieff – ich schenkte ihnen keinen Glauben.

Im Juni, nach Semesterende, segelte ich nach Europa.

Orage, stets warmherzig, bat mich, aus der Prieuré zu schreiben. Doch ich wusste: Es würde nicht möglich sein, ihm zu „berichten".

Bald würde ich in Gurdjieffs Gewässern schwimmen – und dort Fische fangen, aber nicht für andere.

An Bord der *S.S. Republic* schrieb ich erneut an Paquet:

Nach einigem Zögern bin ich zum Schluss gekommen: Mich interessiert jetzt nur noch sein Buch und seine Methode.

---

[1] Nachlass A. Paquet (II) A 8 III (Dohrn, Harald), – 22. Februar 1922 Universitatsbibliothek Johann Christian Senckenberg Frankfurt am Main.
[2] Nachlass A. Paquet (II) F 1: G 32.12 – 11. April 1929. ebenda

Château du Prieuré in Fontainebleau-Avon – Gurdjieffs Zentrum für Lehre und inneres Arbeiten in den 1920er Jahren. Louise Goepfert March arbeitete hier ab 1929 an der deutschen Übersetzung von Beelzebubs Erzählungen.

Kapitel 3 – Die Ankunft

Ich stürze mich in dieses Abenteuer – mit Volldampf voraus. Ob ich im

Herbst nach New York zurückkehre oder in Fontainebleau bleibe – keine Ahnung. [1]

In Paris besuchte ich meinen engen Freund Werner Picht, den bekannten Soziologen und Schriftsteller. Er war entschieden dagegen, dass ich zu Gurdjieff ging.

Als ich ihn fragte, ob ich zu ihm kommen dürfe, falls ich aus der Prieuré „fliehen" müsse, versicherte er mir: „Sie können jederzeit zu mir kommen."

Ich tat, was Gurdjieff mir aufgetragen hatte: Ich telegrafierte Mme de Hartmann meine geplante Ankunftszeit. Dann nahm ich den Zug nach Fontainebleau-Avon – und wartete am Bahnhof. Als niemand erschien, nahm ich ein Taxi durch die eindrucksvolle Allee alter Platanen zum Château du Prieuré.

Das große Haus, einst ein Kloster, war mehrere hundert Jahre alt, umgeben von Gärten, dahinter Wälder.

Ein Schild befahl: „Sonnez fort!" – laut läuten. Doch die Glocke klang schwach.

Das Tor wurde von der langsam schreitenden Mme Stjoernval geöffnet. Sie sprach Deutsch – doch zum Glück war keine Zeit für ein Gespräch.

Ein Fenster im oberen Stockwerk flog auf – eines der großen Renaissancefenster. Gurdjieff erschien. Erst der eine, dann der andere Ellbogen ragte hervor.

Er schien das ganze Fenster einzunehmen.

Er rief: „Hey, Miis! Miis!" (Er sprach „Miss" immer als „Miis" aus.)

Ich flog die Treppe hinauf, ihm entgegen.

Gurdjieff schien sehr glücklich – und ich war es auch.

Ich war angekommen. In der Prieuré.

---

[1] Nachlass A. Paquet (II) A 8 III (Goepfert, Louise) – 15. June 1929. ebenda.

Um *Beelzebubs Erzählungen für seinen Enkel* ins Deutsche zu übersetzen. Die Arbeit sollte sofort beginnen.

Gurdjieff rief nach „Jeanna" – seinem Namen für Jeanne de Salzmann – und stellte uns einander vor, als sei dies ein bedeutsames Ereignis.

Er sagte: „Wir können einander vertrauen."

Dann sagte er zu ihr:

„Gib ihr 'Kunst'. Sie Professorin für Kunst in New York." (Gurdjieff sprach oft und gern von mir als „Professorin für Kunst" – es erschien mir immer etwas übertrieben.)

Er ergänzte: „Gib auch 'Zivilisation' – enthält über Deutsche. Gib auch Sprichwörter aus Studienhaus. Sie kann Sprichwörter übersetzen."[1]

Gurdjieff ordnete ein Bad für mich an:

„Nimm dir Zeit. Wasch den amerikanischen Schmutz ab. Dann sehen wir weiter."

Das Wasser plätscherte in die Wanne. Ich wusch mich in wenigen Zentimetern Wasser. Da klopfte es an die Tür:

„Herr Gurdjieff ist bereit für Paris. Kommst du mit?"

Wenige Minuten später saß ich mit ihm im Citroën, zurück auf dem Weg zum Bahnhof. Es war meine erste Lektion: Bei Gurdjieff gab es kein Verweilen.

Im Auto erzählte er mir, er habe aus Frau de Hartmann – seiner damaligen Sekretärin – „chik" gemacht.

(„Chik machen" war Gurdjieffs Ausdruck, der mit einer entsprechenden Geste das Geräusch imitierte, eine lästige Wanze, zwischen zwei Fingernägeln zu zerquetschen.)

Er sagte: „Sie unverschämt. Mann auch."

Ich konnte es nicht glauben – Herr de Hartmann war mir in New York als freundlich und sanft begegnet.

---

[1] Die „Sprichwörter", wie sie damals genannt wurden, sind heute als „Aphorismen" bekannt – veröffentlicht in Gurdjieffs *Gesprächen mit seinen Schülern*.]

Nun sollte ich nicht nur übersetzen – ich sollte auch seine neue *Sekret*-ärin sein. Seine „Geheimnisträgerin". Ich sollte seine Geheimnisse bewahren.

Als Kind war eines meiner Lieblingsmärchen Grimms *Die zwölf Brüder*. Darin schwört eine Prinzessin, sieben Jahre lang zu schweigen, um ihre verzauberten Brüder zu retten. Sie hält Wort – selbst, als sie verbrannt werden soll. Am Ende kehren die Brüder zurück und retten sie. Ja – ich konnte Gurdjieffs Geheimnisse bewahren.

Wir reisten erster Klasse nach Paris.

Er holte seine Papiere hervor und begann zu schreiben. Ich begann, die Sprichwörter zu übersetzen.

In Paris gingen wir in seine Wohnung. Später aßen wir mit Herrn de Salzmann in einem Restaurant am Montmartre.

Ich ärgerte mich, dass sie Russisch sprachen – woraufhin de Salzmann einige gute Geschichten auf Deutsch erzählte.

Alexander de Salzmann und ich wurden gute Freunde. Er war ein ungewöhnlicher Mensch – große Augen, ein lebendiges Gesicht. Wenn er etwas bezweifelte, zog er mit dem Zeigefinger die Haut unter einem Auge herunter – als wolle er sagen: „Das soll ich dir glauben?"

Einmal erzählte er mir, warum er nie lachte:

Gurdjieff habe ihn „über die Welt gehoben", wo er die Dinge sah, wie sie wirklich sind. Dann sei er zurückgestürzt – in den Staub.

Seitdem, sagte er, könne er nicht mehr lachen.

Und bis an sein Lebensende werde er sich nach diesem „höheren Blick" sehnen.

Die Gäste der Prieuré verbrachten ihre ersten Tage gewöhnlich im sogenannten „Ritz" – dem eleganten zweiten Stock des Hauses.

Als meine Gnadenfrist dort endete, begleitete mich Herr Gurdjieff auf einem feierlichen Rundgang durch Haus und Gelände, um ein dauerhaftes Zimmer auszuwählen.

Während wir von Zimmer zu Zimmer gingen, beugte sich Herr de Salzmann zu mir und flüsterte:

„Sagen Sie besser nicht, was Ihnen nicht gefällt – genau das bekommen Sie sonst!"

Ich entschied mich für ein Zimmer im strengen „Mönchsflur" im dritten Stock. Es war in Ocker und dunklem Rot gestrichen.

Über der Tür war ein Totenschädel aufgemalt. Die Einrichtung bestand aus Bett, Tisch und Stuhl – schlicht, aber mit weitem Blick: auf Goldfischteich, formale Gärten und das gesamte Anwesen.

Neben mir wohnte Elizabeth Gordon – eine ältere, liebenswerte englische Jungfer, der ich in meiner Zeit in der Prieuré sehr nahekam.

Auf der anderen Seite wohnte Lili Chaverdian, geborene Galumnian, mit ihrem kleinen Sohn Serioja.

In New York hatte mir Gurdjieff gesagt, ich würde mit Lili an der Übersetzung arbeiten. Sie könne mir helfen, mein Deutsch zu überprüfen.

Lili war herzlich, kräftig, mit wildem Haar und wunderschönen dunklen Augen.

Sie besaß eine prachtvolle Bernsteinkette, feines Leinen und wertvolle Pelze.

Man sagte, sie und ihr Mann, ein angesehener Politiker, hätten einst halb Armenien besessen.

Damals verbrachte sie das halbe Jahr bei ihm – und die andere Hälfte in der Prieuré.

Frau de Salzmann, sonst stets beherrscht, war spürbar aufgeregt, als sie in die Stadt fuhr, um ihre enge Freundin Lili abzuholen. Eine Seite von ihr, die ich bis dahin nicht kannte.

Am Ende des Flurs wohnte Frau de Salzmann mit ihren Kindern Natalie („Boussik") und Michel in einem großen Raum.

Herr de Salzmann, der in Paris Möbel und Antiquitäten restaurierte, kam an den Wochenenden zu Besuch.

Gurdjieffs eigene Räume befanden sich im zweiten Stock, im rechten Turm, mit Fenstern in zwei Himmelsrichtungen.

Als ich ankam, war Gurdjieffs Frau, Julia Ostrowska, bereits verstorben.

Andere Angehörige und entwurzelte Russen lebten auf dem weitläufigen Anwesen, abseits des Haupthauses:
- Gurdjieffs Bruder Dmitri Iwanowitsch mit seiner Frau Astrig Gregorewna und ihren drei Töchtern Luba, Jenia und Lyda
- seine Schwester Sophie Iwanowna mit ihrem Mann Gjorgi Kapanadse
- sein verwaister Neffe Valia (Valentin), damals im späten Teenageralter[1]

Unter den weiteren Russen waren Dr. und Frau Leonid Stjoernval mit ihrem Sohn Nicolai, Herr Svetchnikoff und Herr Reitlinger[2] – ein Russe mit deutschem Namen.

Reitlinger war früher Jurist in Russland, lebte nun aber sehr bescheiden.

Einmal klopfte er an meine Tür und fragte:

„Könnte ich etwas von Ihrem Joghurt bekommen? Ich möchte mir eigenen Joghurt ansetzen."

Neben diesen „Stammgästen" gab es ständig wechselnde Besucher – meist Amerikaner und Engländer, die für kürzere oder längere Zeit in der Prieuré lebten.

Ich erinnere mich an:
- Martin Benson, einen bodenständigen Amerikaner
- Alan Brown, einen New Yorker Anwalt
- Jean Toomer, der afroamerikanische Autor von *Cane*
- Payson Loomis, ein reicher Yale-Absolvent
- Nick Putnam, der später Lyda Gurdjieff heiratete
- Edith Taylor mit ihrer Tochter Eve, die später Swaska heiratete – einen Amerikaner tschechoslowakischer Herkunft
- Bernard Metz aus England

Ich weiß bis heute nicht, warum Metz blieb – oder warum man ihn bleiben ließ.

---
[1] Valia = Valentin, Sohn von Anna Iwanowna und Feodor Anastasieff.
[2] Ich vermute, dass Reitlinger der A. Y. Rachmilievitch in James Moores Biographie von Gurdjieff ist.

Er übernahm kleine Arbeiten und sorgte mit seinen Späßen für Unterhaltung.

Zum Geburtstag im August brachte er mir einen Strauß frisches Gemüse.

Nach dem Festessen hielt Herr Gurdjieff eine Rede, die mit den Worten endete:

„Was ich dir wünsche, kannst du dir gar nicht vorstellen."

Auch meine liebe Freundin Gela Archipenko kam auf Einladung Gurdjieffs.

Vielleicht hatte er den Eindruck, ich sei einsam – und wollte mir jemanden zum Reden aus Deutschland bringen.

Er war besonders charmant zu Gela, doch sie fürchtete sich vor ihm und verließ die Prieuré bald.

Später, als sie krank in einem Berliner Krankenhaus lag, schickte Gurdjieff ihr Rosen.

Peggy Matthews (später Flinsch), eine alte Freundin von mir, die kurz vor meiner Zeit ebenfalls in der Prieuré gewesen war, besuchte mich eines Tages. Gurdjieff wünschte keine Gäste – doch Peggy kletterte einfach über die Mauer.

Im Sommer schrieb ich mehrfach an Paquet und lud ihn ein.

Im Juli schrieb ich:

Ja, bitte kommen Sie bald. Salzmann und ich warten auf Sie.

Das türkische Bad, das G. selbst gebaut hat, wartet auf Sie.

Und G. wird sich sehr freuen – vor allem, weil er viele Pläne in Bezug auf Deutschland zu haben scheint.

G. ist gewöhnlich von Samstagmittag bis Sonntagmittag hier.

Sonst ist er im Café de la Paix – oder unterwegs. [1]

Nach Paquets Besuch im September schrieb ich ihm:

G. war entsetzt, dass Sie ihn mit Platon verglichen haben.

---

[1] Nachlass A. Paquet (II) F 1: G 32.1 – 5. July1929. Universitätsbibliothek Johann Christian Senckenberg Frankfurt am Main..

Kapitel 3 – Die Ankunft

Nach meiner Erklärung sahen (außer ihm, der es besser weiß) alle die Wahrheit dieses Vergleichs ein.

Und dennoch: Man war sich einig, dass er mit nichts und niemandem vergleichbar ist. G. ist schlicht unbeschreiblich. [1]

Wenige Tage nach meiner Ankunft in der Prieuré nahm mich Gurdjieff mit an den Ort seines Autounfalls – jenes Unfalls im Jahr 1924, der ihn beinahe das Leben gekostet hätte.

Wage ich es, von diesem unerklärlichen Erlebnis zu sprechen?

Kann ich erzählen, wie er mich an den Ort seines „Unfalls" brachte und mich bat, ihm zu helfen, ihn zu übersetzen – Ihn, der dort vor mir saß mit einer Dornenkrone auf dem Haupt? Oh heiliger Gral, oh Amfortas – wie kann ich mir das vorstellen, wie kann ich es ertragen? Alle Kräfte meines Lebens sind für dich, sind Teil von dir. Ich habe mein ganzes Leben auf dich gewartet – oh bitte, nimm mein Opfer an, mein Selbst – lass mich dir helfen. Und ich höre deine Stimme, die Stimme in dir – und sie erreicht mich: „Wenn du mir jetzt hilfst, kannst du später halb Deutschland kaufen." Wie erstaunlich. Ich bin wie versteinert – ausserhalb meines Körpers – ich will gar nicht wissen, was ‚halb Deutschland' bedeutet. Oh du armer, leidender Christus mit der Dornenkrone auf dem Haupt – die ich gesehen habe – wie kann ich dir dienen, dir helfen, für dich leiden? Und da kommt wieder seine Stimme, und er sagt: „Wenn du mir jetzt hilfst, kannst du später halb Deutschland besitzen." Ich bin überwältigt – auf den Knien vor Ihm, der mir sein Leiden offenbart. [2]

---

[1] Nachlass A. Paquet (II) F 1: G 32.2 – 8. September 1929. Universitätsbibliothek Johann Christian Senckenberg Frankfurt am Main
[2] Szene und Zitat aus dem privaten Nachlass Louise Marchs: Briefe, Notizen und Tagebuchauszüge, gesammelt von A. W. March (LGM-AWM)

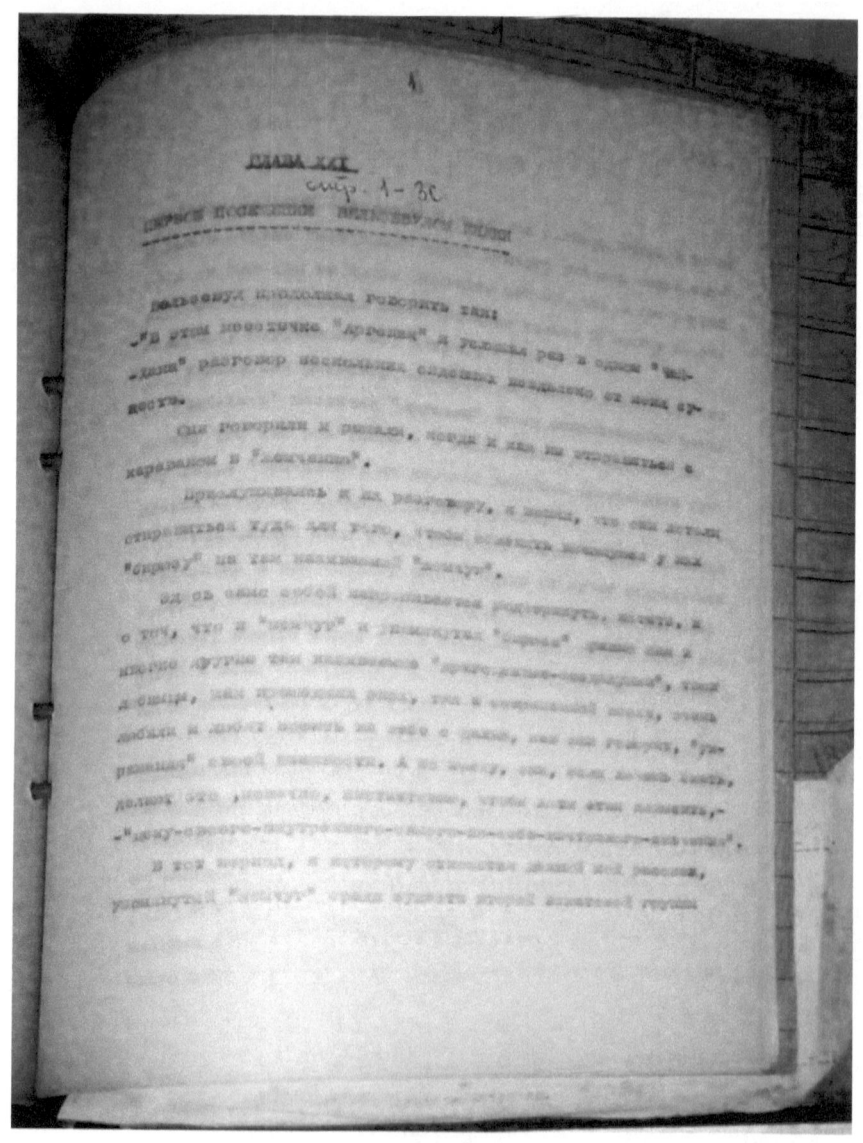

*Russisches Originalmanuskript – Kapitel 21:
„Beelzebub besucht zum ersten Mal Indien".
Erste Seite des Typoskripts von Gurdjieffs Hauptwerk in russischer Sprache.*

Kapitel 4 – Übersetzungsarbeit

Im Juli 1929 schrieb ich erneut an Paquet:

Nach Konstantinopel, wo Sie ihn zuletzt gesehen haben, hat G. versucht, sein Institut in mehreren Ländern zu etablieren – und mit allen möglichen „Teufeln" gekämpft. Schließlich kaufte er 1922 dieses Schloss mit seiner bemerkenswerten Vergangenheit.

Zwei oder drei Jahre lang florierte hier das „Institut zur harmonischen Entwicklung des Menschen", mit sechzig bis hundert Schülern aus aller Welt. Sie lernten durch „bewusstes Leiden" und „freiwillige Arbeit", sich selbst zu erkennen und ihr Bestes zu entfalten.

Es gibt unzählige Geschichten über den „Tyrannen und Despoten" G. aus dieser Zeit!

Dann – 1924 – hatte G. einen schweren Autounfall. Das Institut wurde geschlossen. [1]

Während seiner Genesung begann Gurdjieff mit der Arbeit an seinem Hauptwerk, Beelzebubs Erzählungen für seinen Enkel.

Zunächst diktierte er Frau de Hartmann, später schrieb er selbst. In den folgenden Jahren arbeitete er fast ununterbrochen – wo immer er sich gerade aufhielt.

Auch heute, 1929, widmet er jede freie Minute dem Schreiben. Das Buch besteht inzwischen aus drei Bänden – überwiegend auf Russisch, zum Teil auf Armenisch verfasst.

Alles ist in seinem ganz eigenen Stil geschrieben, mit vielen neugebildeten Wörtern und ungewohnten Begriffen.

Er zerstört gewohnte Assoziationen und ersetzt sie langsam durch neue.

Wenn – und falls – das Buch erscheint, soll es gleichzeitig in sechs Sprachen publiziert werden.

---

[1] Nachlass A. Paquet (II) F 1: G 32.1 – 5. Juli1929. Universitätsbibliothek Johann Christian Senckenberg Frankfurt am Main.

Ein Satz von G. lautet: Die Arbeit hier geschieht nicht um der Arbeit willen, sondern als Mittel."

Gleichzeitig gilt auch seine Lebensmaxime hier: „Mache alles anders, als alle anderen es tun."[1]

Nachdem Gurdjieff mit dem russischen Text zufrieden war, wurde der Text Wort für Wort ins Englische übertragen.

Oft wird angenommen, Thomas de Hartmann habe diese erste englische Fassung von Beelzebub's Tales to His Grandson angefertigt[2] – aber während meiner Zeit in der Prieuré blieb unklar, wer wirklich der erste Übersetzer war.

Parallel dazu hatten die Eltern von Frau de Hartmann eine wörtliche Übersetzung ins Deutsche begonnen.

Diese unbeholfene Fassung hatte ich im Winter 1929 in New York vorgelesen.

Während seiner jährlichen Sommeraufenthalte in der Prieuré, Mitte der 1920er Jahre, hatte Orage den Text in lesbares Englisch übersetzt.

Als ich im Juni 1929 in der Prieuré ankam, begann ich, Orages Version ins Deutsche zu übertragen.

Nach einigen Prüfungen vertraute Gurdjieff mir die Arbeit schließlich vollständig an.[3]

Gleichzeitig übersetzte Mme de Salzmann das Englische ins Französische.

Ich hatte das Gefühl, dass Gurdjieff mich nicht zufällig gewählt hatte. Er sagte, mein Deutsch vereine vier Voraussetzungen, die seine Bücher erforderten:

1. eine alte religiöse Sprache,
2. eine moderne wissenschaftliche Sprache,
3. ein Gespür für volkstümliche Sprüche und Weisheiten (wie die von Mullah Nassreddin),

---

[1] *Nachlass A. Paquet (II) F 1: G 32.1 – 5. Juli 1929. Universitätsbibliothek Johann Christian Senckenberg Frankfurt am Main, Deutschland*

[2] *Siehe Expeditionen ins Wunderbare: Unser Leben mit Herrn Gurdjieff von Thomas und Olga de Hartmann, et al, Chalice Verlag, 1.9.2019.*

[3] *Nachlass A. Paquet (II) F 1: G 32.1 – 5. Juli 1929. Universitätsbibliothek Johann Christian Senckenberg Frankfurt am Main.*

4. und die Fähigkeit, Präzision zu lernen.

Unsere Tage in der Prieuré folgten einem bestimmten Rhythmus. Gurdjieff verließ das Haus fast immer in den frühen Morgenstunden – noch vor dem Frühstück.

Meist ging er in ein Café in Fontainebleau oder ins Café de la Paix in Paris, wo er weiter an Beelzebubs Erzählungen schrieb.

Während meiner Zeit mit ihm entstanden über ein Dutzend Versionen des ersten Kapitels.

Ich sah zu, wie es sich von zwanzig auf vierzig Seiten ausdehnte und dennoch blieben einige der besten Passagen unberücksichtigt.

Es war offensichtlich: Gurdjieff ging es nicht darum, bloßes Wissen zu vermitteln.

Er wollte etwas im Wesen des Menschen berühren – öffnen, entwickeln.

Etwas, das zur Erschaffung einer inneren Welt führen und ein echtes Verstehen ermöglichen konnte.

Er wusste, dass alles von bleibendem Wert erarbeitet werden muss.

Seine Änderungen hatten ein Ziel: „Den Knochen tiefer vergraben."

Das bedeutete, die Lehre nicht leicht zugänglich zu machen. Beelzebubs Erzählungen enthüllen ihren Reichtum nur dem Leser, der bereit ist, sich innerlich damit auseinanderzusetzen. Dazu braucht es Mut zur Konfrontation, Geduld mit offenen Fragen – und die Fähigkeit zu warten, bis eine Antwort wächst.

Ich arbeitete meist den ganzen Vormittag an der Übersetzung – oft auf der Terrasse, wenn das Wetter es zuließ.

Manchmal allein, manchmal mit Lili, die mir half, das Russische mit der deutschen Fassung zu vergleichen.

Gelegentlich zog ich auch Mme de Salzmanns französische Version zu Rate.

Die Sprache war eine Herausforderung: lange, verschachtelte Sätze – manchmal über anderthalb Seiten. Ungewohnte, eigens geschaffene Wörter. Der Text verlangte alles.

Im September schrieb ich an Paquet:

Ihre Bedenken hinsichtlich Stil und Sprache haben den inneren Widerstand in mir genährt – besonders gegen das Kapitel „Erz-Absurd". Eine harte Nuss, die ich die ganze Woche lang zu knacken versuchte.

Aber wieder – ja, wieder – wurde mir durch inneres Ringen und durch Leiden klar: Nichts kann verändert werden.

Was nach dummen Sprüchen, seltsamen Satzstellungen und 'Solanka-Wörtern' [1] *aussieht, ist nur Verpackung. Der Inhalt kann in reiner Form nur an Eingeweihte weitergegeben werden.*

Für alle anderen braucht es viele Schichten – sonst würde man „Perlen vor die Säue werfen".

Gerade weil G. normale Menschen erreichen will, macht er das Buch absichtlich für Intellektuelle schwierig.

Es soll nicht einseitig aufgenommen werden – sondern mit Instinkt, Herz und Verstand zugleich.

Es muss zur zweiten Natur werden.

Mein innerer Zustand erinnerte mich an das Ringen Jakobs mit dem Engel:

„Ich lasse dich nicht, du segnest mich denn." [2]

Gurdjieff liess mich das Kapitel „Früchte der früheren Zivilisationen und Blüten der modernen" lesen – ein Kapitel, das ich selbst oft studiert hatte und deshalb besser verstand als die meisten anderen. In diesem Kapitel ist alles enthalten.

---

[1] „Solanka" bezieht sich wahrscheinlich auf Soljanka, eine dicke, würzige, saure Suppe, die in Russland und Deutschland beliebt ist und auf verschiedene Arten mit vielen verschiedenen Zutaten zubereitet wird. Eine andere Übersetzung von „Solanka-Wörtern' könnte ‚ein Mischmasch aus erfundenen Wörtern' sein.
[2] Genesis 32,26 – Jakobs Kampf mit dem Engel.

Kapitel 4 – Übersetzungsarbeit

Man darf nicht so einfältig sein zu sagen: „Er sagt, was alle sagen", oder: „Er sagt das Gegenteil von allem", oder: „Er sagt nur, was längst bekannt ist." Stattdessen muss man in sich selbst nachspüren, warum er es so sagt – und welche Wirkung er im Leser hervorrufen will.

Oh, G. weiß ganz genau, wie lächerlich es wirkt, wenn man am Anfang des Kapitels „Die Relativität des Zeitbegriffs" lesen muss, dass ein Jahr zwölf Monate hat, ein Monat dreißig Tage – und so weiter. Aber trotzdem steht es hier geschrieben. Es ist wie ein Stuhl – bitte setz dich, alles ist ganz einfach, ruh dich aus, das hast du in der Schule gelernt. Oh, wie hast du dich angestrengt!

Nun ja, alle Wissenschaften sind so, gähne ruhig, wenn du willst – ja, du hast immer geschlafen. Aber sei vorsichtig: Du wirst fallen, wenn ich dir den Stuhl wegnehme und dir etwas Echtes gebe, etwas Endgültiges, etwas, das niemals, wirklich niemals anders sein kann. Du wirst fallen, du wirst ersticken, tatsächlich. Ach, lass uns lieber einen Scherz machen, damit du wieder lachen kannst – und dabei alles verpasst, was wahr ist, und all den Ernst, der darin liegt. Alles, was echt, wichtig und wirklich ist – hast du übersehen.

Ich winke Ihnen von unserem Schloss zu Ihrem Schloss hinüber und hoffe, dass Zugbrücken, Autos, Züge und Luftschiffe uns künftig öfter zusammenbringen werden.

Auf solch lange Briefe ist sogar Beelzebub neidisch. Aber Sie – Sie schütteln wahrscheinlich nur den Kopf über den Brief. Und über mich, den Narren. [1]

Manchmal war ein Kapitel gerade abgeschlossen – zumindest dachte ich das – da entschied Herr Gurdjieff, es vollständig umzuschreiben.

Dann musste ich von vorne beginnen. Das kam immer wieder vor. Ich schrieb an Paquet:

---

[1] *Nachlass A. Paquet (II) F 1: G 32.2 – 8. September 1929. Universitätsbibliothek Johann Christian Senckenberg Frankfurt am Main.*

Diese Woche habe ich sehr, sehr hart gearbeitet. Ich habe viel erlebt – bis ich gestern im türkischen Bad ohnmächtig wurde. Aber heute war ich wieder an der Arbeit. Hier ist alles ganz oder gar nichts!

Es gibt etwas Einzigartiges hier – etwas Zwischenzuständliches, das sich der gewöhnlichen Zeitwahrnehmung entzieht. Das kann Ihnen niemand geben, mein liebster Freund – weder ich noch ein anderer.

Aber Sie selbst können es erreichen, wenn Sie wollen. Den Anfang haben Sie bereits gemacht, mit der Einsicht, die Sie mir in Ihrem letzten Brief geschrieben haben: dass all Ihre Methoden und Fähigkeiten – so besonders sie auch sind – hier nicht genügen?[1]

Schon an meinem ersten Tag hatte Gurdjieff gesagt:

„Übersetze. Übersetze ein ganzes Kapitel. Versuche es mit Alexander de Salzmann. Er spricht Deutsch, kann übersetzen. Du kannst ihn fragen."

Aber, wie ich Paquet schrieb:

Salzmann stammelte das Russische ins Deutsche – und ich musste raten, was es bedeuten sollte.

Wenn ich ein Wort erriet, stimmte er schließlich zu – wenn es ihm gefiel.[2]

Lili hingegen war ideal für mich. Sie hatte ein feines Sprachgefühl, war in Berlin und Paris ausgebildet – und vertraut mit Armenisch, Russisch, Französisch und Deutsch.

Sie konnte nicht direkt übersetzen, aber sie half oft, das treffende Wort zu finden. Wenn ich ihr zwei oder drei Vorschläge machte, wählte sie das Richtige aus.

Wenn Gurdjieff morgens die Prieuré verließ, wussten wir nie, wann er zurückkehren würde. Das Mittagessen war für ein Uhr geplant, wurde aber selten vor zwei oder gar drei Uhr serviert.

Ich litt immer, während ich darauf wartete, dass Gurdjieff vom Schreiben zurückkam. Ich hatte seit dem „Frühstück" – einer

---
[1] Ebd.
[2] Nachlass A. Paquet (II) F 1: G 32.1 – 5. July 1929. Universitätsbibliothek Johann Christian Senckenberg Frankfurt am Main.

schwarzen, unappetitlichen Brühe und verbranntem Toast – nichts mehr gegessen.

Mein Magen rebellierte. Irgendwann weigerte er sich:
„Jetzt will ich nichts mehr."
Doch wenn Gurdjieff schließlich kam, brachte er Armagnac mit. Dann begannen die Trinksprüche – auf die „Idioten". Die Vorspeisen folgten. Mein Magen öffnete sich.

Nach dem Essen – wie fast nach jeder Mahlzeit – spielte Gurdjieff auf seinem Harmonium.

Es war wie ein Gebet. Direkte Nahrung für eine innere Anstrengung. Ich analysierte nicht – ich ließ es geschehen.

Eines Nachmittags, Gurdjieff war vom Schreiben zurückgekehrt, setzte er sich zu mir auf die Terrasse, wo ich gerade arbeitete.

Er sah müde aus.
Ich fragte:
„Warum schreiben Sie nicht hier draußen – an der frischen Luft, in dieser wunderbaren Umgebung?"

Ich deutete auf den Rosengarten, den Goldfischteich, die Platanenallee.

Er antwortete: „Ich arbeite immer in Cafés, Tanzlokalen – dort, wo ich die Menschen sehe, wie sie wirklich sind. Wo ich die Betrunkensten, die Absonderlichsten sehe.

Wenn ich sie sehe, kann ich in mir einen Impuls der Liebe erzeugen.
Aus diesem Impuls heraus schreibe ich meine Bücher."

An vielen Abenden wurde im Salon mit den schönen grauen Wände und roten Vorhängen ein Kapitel aus Beelzebubs Erzählungen gelesen – auf Russisch, Französisch, Deutsch oder Englisch, je nach Gästen.

Unabhängig von der Sprache spürte ich bald den Fluss eines Kapitels.

Ich erkannte Schlüsselwörter – und verstand allmählich den Inhalt, selbst im fremden Russisch.

Es war, als trüge ein bekanntes Wesen ein unbekanntes Kleid.

Wir lernten, „leer zu werden". Zuzuhören. Nicht nur mit den Ohren – sondern mit etwas Tieferem. Denn Neues kann nur eindringen, wenn Raum entsteht.

Dieser Prozess ist weitaus schwieriger, als viele glauben. Er verlangt, sich von den inneren Automatismen, dem Kaleidoskop subjektiver Vorstellungen und Bilder zu lösen – und einen objektiven, wahren Reichtum bewusst zu erarbeiten.

Während der Lesungen beobachtete Gurdjieff die Zuhörenden. Er prüfte, was er geschrieben hatte – und ob die Übersetzung ihm gerecht wurde.

Neue Gäste waren oft überrascht, wie wichtig ihm ein einzelnes Wort oder der Fluss eines Satzes war. Doch wir Übersetzer kannten ihn bereits als „Lehrer der Genauigkeit". Für uns war das Übersetzen eine Schule: Sie half uns, uns von unseren eigenen Vorstellungen und Sichtweisen zu befreien.

Durch die Schaffung einer neuen, exakten Sprache erlangten wir ein Verständnis, das wir uns zu Beginn gar nicht hätten vorstellen können.

Von Gurdjieff lernten wit, Wörter präzise zu gebrauchen.

Er sagte ganz klar: *„Philologie ist ein besserer Weg zur Wahrheit als Philosophie."*

Wir untersuchten die Wurzeln der Wörter. Es gab viele philologische Auseinandersetzungen.[1]

In meinem Ringen um die treffende Terminologie lernte ich schließlich sogar das russische Alphabet. Ich nutzte Herrn Reitlinger wie ein lebendiges Wörterbuch. Sobald wir nebeneinandersaßen, stellte ich ihm Fragen: „Was bedeutet das? Und das?"

Sein Automatismus war bemerkenswert – aber nicht ohne Eigenheiten. Jedes Mal, wenn er ein Wörterbuch aufschlug, pustete er darauf. Obwohl sich in der Prieuré kein Staub auf den Büchern sammelte, tat er es dennoch – wie aus altem Bibliotheksinstinkt.

---

[1] Für weitere philologische Referenzen siehe *Guide & Index to G. I. Gurdjieff's Beelzebub's Tales to His Grandson* (Toronto: Traditional Studies Press, 2003)

Gurdjieff ärgerte sich über diese Geste. Einmal fragte er mich: „Warum ärgert mich Herr Reitlinger so – aber dich nicht?"

„Weil du eine Frau bist. Nicht so schlimm. Aber ein Mann? Für mich – Aaagh!"

„Verstehst du?"

Ich fragte alle Russen in der Prieuré nach der Bedeutung des Wortes *nalichie*, das Gurdjieff häufig verwendete – besonders in *Beelzebubs Erzählungen*.

Orage hatte es als *common presence* ins Englische übersetzt, Mme de Salzmann als *„présence générée"* ins Französische.

Aber was wäre die deutsche Entsprechung? Wochenlang rang ich mit dieser Frage. Dann erklärte mir jemand:

„*Nalichie* ist ein Begriff aus der Finanzwelt – es umfasst alles, was man hat: Aktiva und Passiva." So kam ich zu meinem Vorschlag: *der allgemeine Bestand*. Es machte für mich Sinn.

Denn *nalichie* bedeutete: die Summe dessen, was man ist – nicht nur, was man besitzt.[1]

Im ersten Kapitel von *Beelzebubs Erzählungen* spricht Gurdjieff über zwei Arten von Denken: *Denken durch Worte und Denken durch Form*.

Diese Unterscheidung traf mich tief. Es war von größter Bedeutung, das zu verstehen.

Denn wenn ich ein Wort benutze – und jemand anderes, aus einer anderen Kultur oder Familie assoziiert damit völlig andere Bilder – haben wir nicht wirklich miteinander kommuniziert. Es bleibt nur die Illusion von Verständnis. Wie also ist es überhaupt möglich, mit Worten zu lehren? Vielleicht hilft es, wenn man spürt, dass Worte nicht genügen.

Wenn Gurdjieff sprach, war er oft wortkarg. Nur in Momenten großer Wut sprudelten die Sätze hervor.

Dann seufzte er:

„Jetzt habe ich mich in all dem Gerede verloren."

* * *

---

[1] Dr. Laura Janda, Russisch-Professorin.

Als ich im Juni 1929 in die Prieuré kam, hatte ich nur vor, den Sommer zu bleiben. Ich wollte im September nach New York zurück – zur Opportunity Gallery und zum Hunter College.

Ich hatte Verträge. Der Kurskatalog enthielt bereits die Beschreibung meiner Veranstaltungen.

Doch gegen Ende des Sommers nahm mich Gurdjieff mit auf einen langen Spaziergang durch den Wald.

Er begann viele Sätze – beendete sie aber nicht.

Doch was er sagen wollte, war klar:

Er konnte es nicht aussprechen. Sein Leben war hart. Es war notwendig, dass ich blieb.

In diesem Moment verstand ich vielleicht zum ersten Mal den Unterschied zwischen Bewusstsein und Unterbewusstsein.

Mein Inneres wusste von Anfang an, dass sein Ruf und meine Antwort kein Ende kannten.

Doch mein äußeres Leben – Arbeit, Sicherheit – wollte weitergehen.

Und während er sprach, geschah es: Alles verschmolz.

Es war wie in New York – damals, als ich vor dem Schaufenster von Henri Bendel stand.

Gurdjieff tat etwas – und in mir antwortete etwas, das ich nicht „ich" nenne.

Was sollte ich tun?

Ich schrieb an die Galerie und ans College: Mein Vater sei krank, ich könne nicht zurückkommen.

So gab ich alles auf.

Ich dachte, ich würde Amerika nie wiedersehen.

Kapitel 5 – Die Prieuré-Jahre

Als Gurdjieff mit Bleistift auf das dünne französische Papier schrieb, das er bevorzugte, saß Dr. Stjoernval fast immer bei ihm. Es war, als sei das, was in Herrn Gurdjieff einströmte und von ihm in Worte gefasst wurde, so kraftvoll, dass es zwei Menschen brauchte, um es aufzunehmen. Gurdjieff benötigte jemanden, der als Antenne diente – und Dr. Stjoernval war ihm in dieser Weise zu Diensten.

Während Gurdjieff schrieb, hielten die Kellner des Cafés in Fontainebleau oder des Café de la Paix seine Tasse mit heißem Kaffee gefüllt, so wie es seine Nichten in der Prieuré taten. Gelegentlich kamen einige Russen, empfingen etwas von ihm, küssten ihm hingebungsvoll und dankbar die Hand und gingen wieder.

Mitunter sagte Gurdjieff zu mir: „Komm um diese und jene Zeit." Wenn ich ankam, gab er mir kaum ein Zeichen, mich zu setzen. Er blieb versunken in seiner Welt, unberührt vom Lärm der plaudernden Gäste oder vom Straßenverkehr. Vielleicht sprach ich anfangs noch ein paar Worte, doch ich lernte rasch zu warten, bis er sich mir zuwandte und sein „Visier" öffnete.

Erst dann konnte ich berichten, weshalb ich gekommen war. Es war für alle dasselbe: Wer auch immer ihn aufsuchte, musste warten, bis er sich ihm zuwandte – eine Stunde, zwei, manchmal drei. Wer kam, trat in seinen stillen Kreis. ein

In der Gegenwart von Herrn Gurdjieff erfuhren die Menschen einen frappierenden Gegensatz: zwischen der lärmenden, hastigen, trügerischen Außenwelt und seiner stillen Gewissheit, seiner dichten, gesammelten Innerlichkeit. Ich empfand – und wusste mit voller Überzeugung –, dass durch ihn der Gral bewahrt wurde, der der Legende nach von Engeln in der Luft getragen wird.

[In den verschiedenen Parsifal/Parzival-Legenden wird der mystische Gral unterschiedlich beschrieben: als Füllhorn, als kostbares Juwel, ein heller Stein und der Kelch des letzten Abendmahls beschrieben. Die Tradition besagt, dass die Erfahrung

des Grals eine Erfahrung der Wahrheit ist. Der allgegenwärtige Gral wird dem
Menschen nur durch seine eigenen Illusionen vor den Augen verborgen.]

* * *

Herr Gurdjieff schuf schwierige Umstände für seine Schüler. *Hier wählte niemand für sich selbst. Man tat, was G. sagte – oder man ging.*[1] Je mehr er jemanden schätzte, desto schwieriger gestaltete er die Bedingungen.

Herr und Frau de Hartmann hatten die Prieuré kurz vor meiner Ankunft verlassen, doch Frau de Hartmann kehrte gelegentlich zurück, um Gurdjieff zu sehen. Dann schrie er sie an, dass das ganze Haus bebte. Schonungslos, unerbittlich, zu jeder Tages- und Nachtzeit. Zunächst hielt ich Olga de Hartmann für einen schrecklichen Menschen. Später begriff ich, dass er ihr damit eine Ehre erwies.

Eines Tages sagte Dr. Stjoernval zu mir: „Darf ich Ihnen etwas sagen? Wie soll ich es ausdrücken... Gurdjieff versucht etwas, das noch niemand versucht hat. Er versucht, einem Menschen, der unter einem bestimmten Stern geboren ist, ein Schicksal zu geben, das einer anderen Konstellation entspricht. Und das ist im Allgemeinen unmöglich."

* * *

Der Bedarf an Geld in der Prieuré war immens; die Aufgabe, es zu beschaffen, endlos. Ich hatte Erfahrung mit Fundraising für die Opportunity Gallery, und so half ich Gurdjieff nicht nur als Übersetzerin, sondern auch auf diese Weise. Ich musste von den Besuchern, die in die Prieuré kamen, Geld einsammeln. Wenn ihre Beiträge nicht leicht zu bekommen waren, musste ich sie „melken". Zu verschiedenen Zeiten schrieb ich für Gurdjieff Briefe über Geld.

Kurz nachdem ich angekommen war, schrieb ich an Lady Mary Lilian Rothermere, eine einflussreiche Dame in London, die Gurdjieff bereits unterstützt hatte. Ich musste ihr mitteilen, dass –

---

[1] Nachlass A. Paquet (II) F 1: G 32.1, – 5 . Juli 1929. Universitätsbibliothek Johann Christian Senckenberg, Frankfurt am Main

auch wenn Gurdjieff nun eine neue Sekretärin habe – der finanzielle Bedarf weiterhin bestehen blieb.

Einmal bat mich Gurdjieff, einen Brief an Paquet zu verfassen. Als ich ihm das Schreiben überreichte, fuhr er mich an: „Nein! Fang anders an!"

Ich war verärgert – ich hatte das Schreiben exakt so formuliert, wie er es mir aufgetragen hatte. Ich beruhigte mich und verfasste eine zweite Version. Wieder schimpfte er. Ich schrieb eine dritte, die er schließlich akzeptierte – obwohl sie ganz anders war als seine ursprüngliche Vorgabe. Dann sagte er: „Keine richtigen Wasserklosetts im Westen. Es muss ein Loch sein. Stell dir vor, da steht jemand. Fühle mich nicht sicher. Muss mich hin und her winden, um das Loch zu finden."

Nicht lange nach meiner Ankunft sagte Gurdjieff: „Nicht einfach, aber müssen Frau Stjoernval zu deiner Sekretärin machen. Kann Deutsch, kann tippen." Mme Stjoernval – eine entwurzelte russische Aristokratin – konnte nichts tun, ohne ihre Ohrringe. Ich musste sie zur Mitarbeit gewinnen, wenn die Arbeit an *Beelzebubs Erzählungen* weitergehen sollte.

Wenn sie frei hatte, tranken wir Tee – nach russischer Sitte mit Gelee gesüßt. Sie erzählte von den alten Zeiten in Moskau. Nach einer Weile fragte ich: „Würden Sie bitte helfen?" Meistens tat sie es. Wo sonst als bei Gurdjieff hätte ich jemanden wie sie treffen, tolerieren und schließlich lernen können, sie zu mögen?

Es kam eine Zeit, in der ich mehr Hilfe benötigte, als Frau Stjoernval bieten konnte. Gurdjieff sagte: „Finde Sekretärin." Durch eine Anzeige in einer Pariser Zeitung fand ich eine junge Frau, die gut tippte und ordentlich Deutsch schrieb. Sie kam tageweise in die Prieuré. Einmal sagte sie zu mir: „Alle um ihn herum sind sehr nett – nur er nicht. Ich kann ihn nicht verstehen. Ich habe Angst." Als ich Gurdjieff das erzählte, lachte er. Er mochte solche Geschichten.

An Gurdjieffs Hof war Herr de Salzmann der Hofnarr. Er war ein ausgezeichneter Mimiker und verstand es, sehr unterhaltsame Geschichten zu erzählen. Er brachte Gurdjieff oft zu jenen Erschütterungen von Gelächter, die nicht nur den Körper, sondern auch die Atmosphäre um ihn herum in Bewegung versetzten. Dafür mochte ich ihn.

Einmal erzählte er von einem deutschen Landpfarrer, der bei der Beichte seiner Gemeindemitglieder gelegentlich ausrief: „O du Wüüaschte!" – was so viel heißt wie „Oh, du schändlicher Wüstling!" Gurdjieff lachte laut auf.

* * *

Herr Gurdjieff gab den Menschen in seiner Umgebung häufig Spitznamen. Kurz nachdem ich angekommen war, begann er, mich „Würstchen" zu nennen. Es gefiel mir nicht, „Würstchen" genannt zu werden. Ich schrieb in demselben Brief an Paquet:

Ich fand die Bezeichnung ekelhaft. Ich dachte, Gurdjieff beharre darauf nur, weil ich mich dagegen wehrte. Da ich jedoch ein Idiot bin, der lernen will und nichts ablehnt, was sich ihm in den Weg stellt, nahm ich dieses memento mori fast dankbar und mit einem Lächeln an. [1]

Später erklärte mir Gurdjieff, dass „Wurst" gut zu „Pfeffer und Senf" passe – womit er wohl sich selbst meinte – und dann war alles gut.

Gurdjieff brachte Disziplin in unser Essen und Trinken. Wenn er sein Glas hob, mussten auch wir unsere Gläser heben. Wenn er trank, mussten auch wir trinken. Wir entwickelten die Fähigkeit, zu trinken und zugleich bewusster zu werden. Man musste äußerst aufmerksam sein, denn die Regeln blieben nie dieselben. Manchmal bekamen die Frauen die halbe Menge dessen, was die Männer tranken. Gurdjieff konnte eine Weigerung zu trinken akzeptieren – oder auch nicht. In jedem Fall beobachtete er die Menschen und prüfte sie so.

Am Ende einer Mahlzeit bot man den Gästen die Wahl zwischen Kaffee und Tee. Die meisten wussten es nicht oder wollten sich nicht entscheiden. „Oh, irgendwas, Herr Gurdjieff." „Das spielt keine Rolle, Herr Gurdjieff." Die richtige Antwort aber lautete entweder „Kaffee" oder „Tee". Später fügte er der Auswahl Schokolade hinzu: „Kaffee, Tee oder Schokolade. Treffen Sie Ihre Wahl." Dieses Spiel wiederholte er mit einem Gast nach dem anderen.

---

[1] Nachlass A. Paquet (II) F 1: G 32.5, – 16 . September 1929. Universitätsbibliothek Johann Christian Senckenberg, Frankfurt am Main.

Gurdjieff erwartete von uns, dass wir probierten, was wir nicht kannten oder nicht mochten. Den verblüfften Gesichtsausdruck eines Menschen, der mit etwas Unbekanntem konfrontiert wurde, beschrieb

er gern so: „Du siehst aus wie eine Kuh, die von der Weide zurückkommt und vor einem frisch gestrichenen Scheunentor steht. ‚Kann nicht verstehen. Das nicht meine Tür.'"

Eines Tages, ganz am Anfang meines Aufenthalts in der Prieuré, wurde in einer großen Terrine eine Schweinshaxensuppe serviert, die für meinen Geschmack zu stark mit Knoblauch gewürzt war. Auf der unappetitlichen Brühe schwammen undefinierbare Stücke von Grünzeug. Ich hätte die Suppe nicht gegessen, wenn ich die Wahl gehabt hätte. Aber ich aß, was man mir gab – und ich wurde dabei beobachtet.

Als Gurdjieff fragte: „Wiederholen?", sagte ich: „Ja." Ich aß die Suppe weiter, wusste aber nicht, wie lange mein Magen das noch zulassen würde.

Als er ein zweites Mal fragte: „Wiederholen?", antwortete ich wieder mit „Ja."

Als er mir ein drittes Mal nachschenken wollte, hob ich die Schüssel, um sie zu empfangen. Doch Gurdjieff sagte: „Nein. Nein. Ich Mitleid mit deinem Magen."

Auch von den Kindern wurde erwartet, dass sie alles aßen, was man ihnen vorsetzte. Im Frühling servierte man frische Radieschen mit zarten, noch grünen Blättern. Ein dreijähriger Besucher rümpfte die Nase und sagte: „So essen wir die Radieschen nicht. Ich kann diese schmutzigen Dinger nicht essen." Aber er aß sie.

Gurdjieff sagte uns, wir seien „zu gebildet" geworden, um unsere inneren Verdauungsprozesse wahrzunehmen. Wir hörten auf, sie zu bemerken, sobald das Essen geschluckt war. Um seinen Punkt zu verdeutlichen, gab Gurdjieff jemandem mehrere sehr scharfe Paprikaschoten zu essen. Dann sagte er: „Verbrennungen jetzt. Danach du nicht wissen, wohin gehen, aber morgen früh, am anderen Ende, brennt es wieder."

Gurdjieff war beim Essen gewöhnlich still. Er sagte: „Wenn ich esse, erinnere ich mich an mich selbst." Er schimpfte über Menschen, die beim Essen unbedingt reden wollten: „Dummer Gott. nur einen Mund gemacht. Hätte machen sollen zwei."

Sonntagabends ging Gurdjieff mit seinem „Gefolge" – Studenten, Familienangehörige und Gäste, die ihm überallhin folgten – immer in ein Restaurant auf dem Montmartre. Diese Mahlzeiten wurden wegen der kleinen, krebsähnlichen Krustentiere, die in Hülle und Fülle serviert wurden, als „Flusskrebs-Partys" (Crayfish-partys) bezeichnet. Meine Aufgabe war es, jemanden zu finden, der die Rechnung übernahm. Wenn ich keinen der Gäste der Prieuré zum Zahlen bewegen konnte, musste ich – wie so oft – das „arme Fräulein Gordon" bitten, das Geld aufzubringen.

Einmal fragte ich Herrn Gurdjieff, ob ich zu der Party gehen müsse. „Bin ich nicht oft genug hingegangen? Kann ich nicht zu Hause bleiben?" Er sagte: „Nein. Du ‚Hund essen' lernen." („Eat dog" war Gurdjieffs Ausdruck für das Ertragen des Unangenehmen.)

* * *

Das Restaurant auf dem Montmartre gehörte einem netten jungen Ehepaar, das Herrn Gurdjieff sehr zugetan war. Eines Tages kam die rothaarige Frau in Begleitung ihrer hübsch gekleideten, dreijährigen Tochter zu Besuch in die Prieuré. Wie es seine Gewohnheit war, schenkte Herr Gurdjieff dem Kind Süßigkeiten aller Art. Die Mutter forderte das schüchterne kleine Mädchen auf: „Sag ‚Danke'." Gurdjieff ermahnte sie: „Sie tun genau das, was Sie nicht tun sollten. Du denkst, sie kann mir mit einem Wort danken." Er verstand, dass Erwachsene die echte innere Erfahrung der Dankbarkeit des kleinen Kindes stören, indem sie es dazu bringen, sie nach außen mit Worten auszudrücken.

Gurdjieff war auch gegen die moderne Gewohnheit, Kinder für alles Mögliche wahllos zu loben. Er sagte, wenn ein Kind nicht mit einer bestimmten Absicht gearbeitet habe, schwäche Lob seine Fähigkeit, sich anzustrengen. Und wenn es sich wirklich angestrengt habe, sei ein Lob nicht nötig. Stattdessen riet er, eine andere Form zu finden, die Handlung zu bestätigen.

* * *

Jeden Mittwoch ging Miss Gordon auf den öffentlichen Markt. Im Sommer brachte sie jede Woche Himbeeren und saure Sahne mit – was für ein Fest! Ab und zu begleitete ich sie, manchmal auch der sechsjährige Michel de Salzmann. Eines Tages schoss Michel mir plötzlich aus der Hand – wie ein Pfeil. Ich fühlte mich verantwortlich. Wo war er hin? Nach einigem Suchen fand ich ihn – er klammerte sich an einen Esel und streichelte ihn. Ich hörte später, dass Gurdjieff ihm einmal einen Esel geschenkt hatte. Als harte Zeiten für die Prieuré kamen, hatte er Michel gesagt: „Ich muss deinen Esel verkaufen." Ob es wirklich sein Esel war, den Michel auf dem Markt wiederfand, kann ich nicht sagen.

Zu Ostern kaufte Gurdjieff ihm als Überraschung ein Citroën-Kinderauto. Er war so begeistert von dem kleinen Wagen, dass er ihn selbst ausprobieren wollte. Als er sich hineinsetzte, knickte das Auto unter seinem Gewicht zusammen. Es war nur für ein Kind gebaut, nicht für einen Erwachsenen – und war nun ruiniert.

* * *

An Samstagen nahmen alle ein türkisches Bad – die Frauen am Nachmittag, die Männer später. Danach wurde die wichtigste Mahlzeit der Woche im großen ovalen Esszimmer serviert. Neben den Bewohnern waren ein bis zehn Gäste anwesend. Jeden Samstag gab es einen Schafskopf – und alles verlief sehr feierlich. Die mageren Stücke galten als besonders delikat, doch auch das Fett hinter den Augen wurde als besonders schmackhaft angesehen.

Die Kinder mussten bis elf oder zwölf Uhr auf ihr Abendessen warten. Sie mussten sich bemühen, wach zu bleiben. Am Kindertisch saß Michel als „Vorsitzender". Manchmal bekam er das Essen, um es unter den Kindern aufzuteilen – ganz wie Gurdjieff es am Erwachsenentisch tat. Gelegentlich bat Gurdjieff ein Kind, eine Leckerei „an die Person zu geben, die sie am meisten verdient". Keine leichte Entscheidung für ein Kind.

Nach dem Abendessen spielte Gurdjieff auf seinem Harmonium, und es wurde ein Kapitel aus *Beelzebubs Erzählungen* vorgelesen.

In den frühen 1920er Jahren, vor Gurdjieffs Autounfall, fanden die abendlichen Aktivitäten im sogenannten Studienhaus statt. Als ich in der Prieuré war, war dieser umgebaute Zeppelinhangar nur noch ein selten genutztes Relikt. Ich betrachtete seinen Springbrunnen mit plätscherndem Wasser und farbigen Lichtern als Spiegelbild des kindlichen Wesens in Gurdjieff. Die Lesungen aus *Beelzebubs Erzählungen* fanden nun im Salon statt, und Gurdjieff unterrichtete keine Movements oder heiligen Tänze mehr. Manchmal hörte ich nachts, wie Frau de Salzmann und Lili sich in leisen Stimmen über die Movements unterhielten. Ich war fasziniert von dem, was ich hörte.

Jahre später lud mich Gurdjieff in Paris ein, einer Movements-Klasse beizuwohnen. Es war, als sähe man eine Reihe persischer Miniaturen – aneinandergereihte Gesten mit innerer Bedeutung. Die Klasse wechselte schnell von einer Bewegung zur nächsten. Ich war atemlos. Nach ein paar weiteren Besuchen schlug er vor, ich solle „teilnehmen". Gurdjieff stellte sich vor die Gruppe und zeigte die Bewegung – mehr als Hinweis denn als Demonstration. Jemand aus der ersten Reihe war meist der Erste, der sie aufnahm, und von dort übertrug sie sich auf die anderen. In jener Zeit wiederholte Gurdjieff kein einziges Movement. Jedes Mal war es etwas völlig anderes.

* * *

Gurdjieff unternahm, in Begleitung verschiedener Personen, viele Autoreisen durch Frankreich: Tagesausflüge, Übernachtungen, mehr-tägige oder sogar mehrwöchige Reisen. Im Winter fuhr er an die Côte d'Azur, im Sommer nach Chamonix in die französischen Alpen, zu jeder Jahreszeit nach Vichy, um sich der Unterwassermassage zu unterziehen.

Beelzebubs Erzählungen begleiteten mich auf all diesen Reisen. Gurdjieff erwartete, dass ich während der Fahrt ein Kapitel übersetzte oder vorlas.

Orage erzählte mir von einer Reise, die er mit Gurdjieff nach Vichy unternommen hatte. Dort, nachdem er über verschiedene Schmerzen und Beschwerden „hier und dort" geklagt hatte, schickte Gurdjieff ihn zu einem örtlichen Arzt, um Medikamente zu besorgen. Orage kehrte mit einer Auswahl an Pillen und Tabletten zurück: „Diese am Montag, jene am Dienstag, diese einmal pro Woche." Gurdjieff öffnete die Flaschen – und schluckte alle Tabletten auf der Stelle.

Etwas Ähnliches erlebte ich selbst. Als Michel an Masern erkrankte, wehrte er sich mit aller Kraft gegen den Arzt, der ihn untersuchen wollte. „Nein", beharrte Michel, „Sie dürfen mich nicht anfassen!" Als Gurdjieff davon hörte, sagte er: „Sehr richtig! Lass dich niemals von einem Arzt anfassen! Kämpf gegen ihn!" Diesen Ratschlag gab er Michel mit auf den Weg – Michel wurde später selbst Arzt.

Gurdjieffs Fahrweise war sehr unkonventionell. Selbst wenn jemand neben ihm saß, der für das Lesen der Landkarte zuständig war, erreichten wir unser Ziel nicht unbedingt auf dem kürzesten Weg. Hatte er einmal eine Abbiegung genommen, fuhr er nie zurück. So machten wir viele Umwege.

Einmal, im Wald von Fontainebleau, verließ er die Straße und bog auf einen terrassenförmigen Wanderweg ein. Das Auto ruckelte immer wieder etwa zehn Zentimeter tiefer, bis es schließlich stecken blieb. Wir ließen es stehen und gingen zu Fuß weiter. Später wurde jemand zurückgeschickt, um den Wagen zu holen.

Ein anderes Mal, als wir unter einer Brücke Fahrende trafen, sagte Gurdjieff: „Ideales Leben."

Wenn wir in der Nähe einer Kathedrale fuhren, hielten wir oft an, um sie zu besichtigen. Manchmal bat er mich, hineinzugehen – ich hatte Kunstgeschichte studiert. Eine andere Person aus unserer Gruppe durfte womöglich nicht mitkommen. Nur selten betrat Gurdjieff selbst die Kathedrale. Doch wenn er es tat, richtete er stets zuerst seinen Kragen und seine Krawatte – wie ein Geschäftsmann, bevor er eine Bank betritt – und ging dann mit festem Schritt hinein.

Gurdjieff und ich durchschritten gemeinsam die Kathedrale von Chartres – aber ebenso schnell, wie er alle Kathedralen durchmaß. Auch in Cafés war es dasselbe: Er bestellte, und bevor wir anderen fertig waren, war er bereits zurück im Auto. Mit Gurdjieff trödelte man nie.

Wenn möglich, kehrte er immer in dieselben kleinen Hotels und Gasthäuser ein – Orte, an denen man bereits auf seine Eigenheiten eingestellt war und wusste, was er wünschte. Selbst wenn wir um zehn Uhr abends ankamen, wenn alles geschlossen war, begrüßten die Gastgeber ihn: „Oh, Monsieur! Ja, natürlich!" Und bald wurde uns ein Abendessen serviert.

Einmal nächtigten wir in einem Hotel, in dem das Essen Gurdjieff nicht schmeckte. Am Ende der Mahlzeit reichte er mir Geld für den Koch: „Gib ihm lieber viel, damit er glaubt, er sei ein guter Koch – dann ist er fürs Leben versorgt."

Gurdjieff weckte uns stets sehr früh, um die Reise fortzusetzen. Seit meiner Kindheit stand ich morgens schnell auf und zog mich rasch an. Wenn ich mit ihm reiste, war ich immer rechtzeitig bereit. Einmal sagte er zu mir: „Ich wecke dich zuletzt. Du musst trotzdem bereit sein."

* * *

Alle meine deutschen Freunde waren erstaunt, dass ich mit diesem seltsamen, unbegreiflichen Wesen Gurdjieff zusammen war. Doch weder sie noch ihre Welt waren ihm fremd. Während meiner Jahre in der Prieuré hatte ich zwei Verehrer. Der eine war ein deutscher Austauschstudent gewesen – im selben Jahr wie ich – und arbeitete inzwischen in der deutschen Botschaft in London. Als ich Gurdjieff fragte, ob er die Prieuré besuchen dürfe, sagte er: „Sehr gut! Noch nicht Botschafter, aber trotzdem – lass kommen." Nachdem er ihn getroffen hatte, sagte Gurdjieff, dass er als Ehemann in Frage käme.

Der andere war Fritz Metzger. Als er und seine Schwester mich besuchten, kommentierte Gurdjieff den Heiratsantrag von Fritz mit den Worten: „Jetzt scheint es großartig zu sein, aber egal, was er jetzt hat – später kann er als Jude vielleicht nicht einmal das Brot für die Kinder bezahlen. Unmöglich!" Das war Jahre bevor wir uns auch nur ansatzweise das Ausmaß des Antisemitismus vorstellen konnten, das später durch Deutschland fegen sollte.

* * *

Im Herbst 1929 hatte ich die deutsche Übersetzung des ersten Buchs von *Beelzebubs Erzählungen* abgeschlossen. Gurdjieff, neugierig, wie das Buch aufgenommen würde, ließ mich folgende Ankündigung verfassen:

In naher Zukunft wird es in Paris, New York, London und Berlin öffentliche Lesungen aus einer Reihe von Büchern von G. Gurdjieff geben. Sie werden die objektive Realität von allem, was auf der Erde existiert, sowie von der Weltschöpfung und der Weltexistenz vom Standpunkt der gesunden menschlichen Logik aus zeigen. Diese Lesungen werden an verschiedenen Orten in Französisch, Englisch, Deutsch und Russisch gehalten.

Für weitere Informationen wenden Sie sich bitte an die Hauptorganisatoren der öffentlichen Lesungen und die Übersetzer für die verschiedenen Sprachen. Ihre ständigen Adressen: Château du Prieuré, Fontainebleau, Frankreich.

Französisch : Mme de Salzmann [sic]
Englisch : Mr. A. R. Orage
Deutsch : Frau L. Goepfert [sic]
Russisch : Frau L. Chaverdian [1]

Gurdjieff hoffte, durch Paquets Kontakte zur Intelligenzia, sein Werk in Frankfurt zu etablieren. Auf Gurdjieffs Bitten hin schrieb ich an Paquet, dass wir nach Frankfurt kommen würden, um einige Kapitel aus *Beelzebubs Erzählungen* zu lesen.

Mitte September schrieb ich an Paquet:

Ich kam so erschöpft aus Paris zurück. Brach auf meinem Bett zusammen, las Ihren Brief und hielt in meiner Hand das dunkel marmorierte Grün und die Lippenblütler auf wackeligen dünnen Stielen. Dann ging ich zu Mme de Salzmann und sagte: „Hör zu. Hat er G. nicht mit außerordentlichem Feingefühl wahrgenommen?" Wir waren uns beide sicher, dass aus der Kapsel eine Frucht hervorgehen wird und dass man so etwas noch nicht gesehen hat – auch wenn die „Wege des Herrn unergründlich" sind.

Ein Datum für die Reise ist noch nicht bekannt, aber wir werden auf jeden Fall nicht vor dem 25. September abreisen. Sobald ich weiß, wann Frankfurt geplant ist, werde ich telegrafieren. [2]

---

[1] LGM-AWM
[2] Nachlass A. Paquet (II) F 1: G 32,5 – 16. September 1929. Universitätsbibliothek Johann Christian Senckenberg, Frankfurt am Main.

Es war geplant, im Oktober nach Frankfurt und Berlin zu reisen, aber aus „vielen Gründen" wurden die Pläne geändert – und dann wieder geändert. [1]

Am 24. Oktober schrieb ich an Paquet:

Wir werden nicht nach Frankfurt kommen. Ich glaube, später wird Herr G. auch Frankfurt mit einem Besuch beehren. Wann werden Sie nach Berlin kommen? Wenn Sie nicht sehr bald kommen können, wären Sie so freundlich, „uns" einige „angemessene" drei-zentrige Wesen zu schicken. Ich habe wie verrückt gearbeitet und bin mit der Übersetzung sehr gut vorangekommen. Und ich habe eine Reihe von „sozialen" Verpflichtungen für Herrn G. und das Haus erfüllt. [2]

Zwei Tage später schrieb ich erneut:

Voilà, unsere Pläne haben sich geändert: wir werden ab heute in einer Woche in Frankfurt sein. Natürlich mit dem Auto, zu dritt oder zu viert. Wenn Sie sich dabei wohlfühlen, wäre es gut, wenn Sie ohne viel Aufhebens ein Treffen von netten, „geeigneten" Leuten für eine Lesung und Diskussion arrangieren könnten. Ich habe noch nicht entschieden, ob ich Herrn G. einladen soll, bei uns zu bleiben. Auf jeden Fall möchte ich seine Hotelkosten in meinem „Heimatland" übernehmen. [3]

In diesem Brief fügte ich eine Liste meiner Freunde in Frankfurt bei, die Paquet zu dem Treffen einladen sollte. Ich schrieb: *Ich habe absichtlich alle Arten von Leuten ausgewählt, nicht nur die versnobten.* [4]

Wie von Gurdjieff gewünscht, arrangierte Paquet eine abendliche Zusammenkunft in seinem Haus in Frankfurt. Ich las über drei Stunden lang vor – alles aus „*Aschiata Schiämasch*", einschließlich „*Die Vernichtung aller sehr heiligen Arbeiten*". Ich wollte etwas erklären, bevor ich den Abschnitt über *Kundabuffer* las, aber Gurdjieff sagte nein.

Während der gesamten Lesung saß Gurdjieff da – die Aufmerksamkeit, die Präsenz. Keiner konnte gehen oder auch nur gähnen. Jeder musste zuhören.

---
[1] Ebd. F 1: G 32.6 – 24. Oktober 1929.
[2] Nachlass A. Paquet (II) F 1: G 32,5 – 24. Oktober 1929. Universitätsbibliothek Johann Christian Senckenberg, Frankfurt am Main.
[3] Ebd. F 1: G 32.7 – 26. Oktober 1929
[4] Ebd.

Als die Lesung zu Ende war, sagte mir ein Freund, dass das einzige Wort, das ihm von der langen Lesung im Gedächtnis geblieben war, Kundabuffer war – Kundabuffer anstelle des echten Menschen, Illusion anstelle von Wahrheit. Kundabuffer, der in der Sprache der Kirche als Geburts- oder Erbsünde bezeichnet wird. Gegen seinen Willen wurde mein Freund nass, als es regnete.

Während wir in Frankfurt waren, besuchten Herr Gurdjieff und ich meine Familie. Er traf meine Mutter und meine Schwester zum ersten Mal. Als Gurdjieff Marias Haus betrat – ein Haus, das zusammen mit fünf oder sechs anderen Häusern gebaut wurde – sagte er freundlich: „Möchte sagen seltsamen Gruß. Möchte sagen: ‚Beelzebub segne dieses Haus.'"

Einige Zeit später, zurück in der Prieuré, sagte Herr Gurdjieff zu mir: „Unsichere Welt braucht den Beelzebub irgendwo, an verschiedenen Orten. Schicke Schwester. Sagen ihr, er sollte in einer Eisenkiste sein, sehr sicher unter dem Bett." Während des Zweiten Weltkriegs wurde Marias Haus bombardiert, aber *Beelzebubs Erzählungen* überlebten unversehrt.

Nachdem wir Frankfurt verlassen hatten, fuhren wir mit dem Citroën weiter nach Berlin. Gurdjieff ließ mich Michel auf Deutsch zählen lehren. Dann sagte Gurdjieff zu ihm: „Jetzt kannst du ins Kino gehen, aber nicht nur sitzen und glotzen. Zähle drinnen deutsch, von eins bis zehn und abwärts, eins, zwei, drei ..."

Während wir fuhren, gab Gurdjieff mir die Schuld für all die schlechten Straßen in Deutschland, von denen es viele gab. Hartnäckig! Als ob ich die Straßen gemacht hätte. Ich fragte mich, was er mir damit beibringen wollte. Erst später erinnerte ich mich daran, dass Christus die Sünden der Welt auf sich nimmt.

In Berlin wohnten wir in einer Wohnung, die Gelas Schwester für uns gefunden hatte. Als Michel befohlen wurde, im Zimmer von Frau Stjoernval zu bleiben, stand er auf, trat einen Schritt zurück und sagte: „Nein, ich will *nemka*" – und meinte damit mich.

[Nemka ist das russische Wort, das sowohl „deutsche Frau" als auch „stumm" bedeutet. Idiomatisch bezeichnet Letzteres eine Person, die der russischen Sprache nicht mächtig ist.]

Herr Gurdjieff war erfreut, dass Michel seinen eigenen Wunsch vorgetragen hatte. Gurdjieff fragte mich: „Wollen ihn wirklich?" Ich sagte: „Oh, ja!" Michel schlief also in meinem Zimmer. Er schien sehr glücklich zu sein.

In Berlin war ich für die Organisation von Lesungen meiner deutschen Übersetzung von *Beelzebubs Erzählungen* verantwortlich. Ich sollte alle meine ehemaligen Freunde, Professoren und Mitstudenten sowie einige russische Emigranten aus einer Liste von Herrn Gurdjieff einladen.

Da es in der Wohnung kein Telefon gab, musste ich in die öffentlichen Telefonzellen gehen, um die endlosen Anrufe zu tätigen und Leute zu den Lesungen einzuladen. Michel, der mich immer begleitete, quetschte sich in die Telefonzelle neben mir.

Während der zwei Wochen, die wir in Berlin verbrachten, lasen wir regelmäßig abends aus *Beelzebubs Erzählungen*. Am ersten Abend las ich das Kapitel „*Die Früchte früherer Zivilisationen und die Blüten der modernen*". Einige der Deutschen zuckten in ihren Stühlen, als sie Gurdjieffs Beschreibungen der Erfindungen ihrer Landsleute lauschten. Die meisten meiner Bekannten hielten mich für völlig verrückt.

Während ich die äußeren Vorbereitungen für die Lesungen von *Beelzebubs Erzählungen* traf, übte Mme de Salzmann Klavier. Sie hatte als Kind, wie alle gebildeten Menschen, Klavier spielen gelernt. Nun musste sie lernen, Gurdjieffs Musik zu spielen – aber nicht so, wie sie es gewohnt war. Seine Musik verlangte etwas anderes. Sie arbeitete von morgens bis abends daran. Als ich einmal den Aufzug hochkam, hörte ich sie Gurdjieffs Musik spielen. Beim Zuhören begriff ich etwas über innere Anstrengung. Ich hatte zuvor Worte über Anstrengung über-setzt, aber nie wirklich gewusst, was sie bedeuteten.

In Berlin schrieb Gurdjieff im Romanischen Café am Breitscheidplatz, einem Treffpunkt für Künstler und Schriftsteller. Viele Menschen gingen täglich in das Café – wenn nicht, um zu schreiben, dann, um die Zeitungen zu lesen, die über horizontalen Holzdübeln hingen. [1]

---

[1] In den 1960er Jahren wurde an der Stelle des legendären Romanischen Cafés das berühmte Europa-

Kapitel 5 – Die Prieuré-Jahre

Genau wie in Paris saß Dr. Stjoernval mit Gurdjieff zusammen, während er *Beelzebubs Erzählungen* schrieb und überarbeitete. Was für ein Anblick waren diese beiden Männer mit den langen Bärten!

Gurdjieff schickte mich manchmal mit Aufträgen aus dem Café: Nimm das. Telefoniere mit diesem und jenem. Tausche Geld. Er sagte immer: „Hau ab, hau ab, schnell."

Wenn ich von meiner Besorgung zurückkam, saß er da wie ein Meteorit – stark, undurchdringlich – wie aus einer anderen Welt gefallen. Ich setzte mich neben ihn. Ich lernte, so zu sitzen, während die Welt mit dem Lärm von Menschen und Taxis im Hintergrund wirbelte. Ich saß. Nichts war von Bedeutung. Als ich aufstand, fühlte ich mich besser, leichter.

Einmal gab mir Gurdjieff ein amerikanisches Goldstück und sagte: „Drüben in Bank, wechseln Du." Ich tat, wie mir gesagt wurde, und kam bald mit Deutschen Mark im Wert von zehn Dollar zurück.

Gurdjieff schaute auf und sagte: „Miis, zwanzig ich gegeben. Du zahlst zehn."

Ich hatte einen solchen inneren Kampf, seine Worte zu akzeptieren. Kannte ich wirklich nicht den Unterschied zwischen einem Zehner und einem Zwanziger? Um Himmels willen! Ich musste mehr und mehr auf die Knie gehen. Mich dahin zu bringen, wo ich weiß, dass ich nichts weiß – das ist Unterricht!

Paquet sollte uns in Berlin treffen, aber Gurdjieff beschloss, früher abzureisen. Als ich mit Gurdjieff im Romanischen Café saß, schrieb ich an Paquet:

Sie kommen zu spät. Wir werden morgen abreisen. Wie kommt das? Nun, Sie wissen, dass für Herrn G. die Welt eine Kleinigkeit ist. So wie ich in meine Wohnung zurückkehre, um meinen Schirm zu holen, so fährt er zwischen Paris und Berlin hin und her.

Wir werden die Wohnung behalten. Frau de Salzmann bleibt noch ein bisschen, weil Michel krank ist. Herr G. sagt, dass wir sicher in zwei bis drei Wochen wiederkommen werden. Einige Leute hier sind schon

Center errichtet.

interessiert. Es wäre gut, wenn Ihnen verschiedene Leute einfallen würden, die Herrn G. kennenlernen sollten.

Inoffiziell denke ich, dass es sehr gut wäre, wenn Sie über Gurdjieff schreiben könnten, um seinen Namen in der Öffentlichkeit bekannt zu machen.

Wer er wirklich ist, wissen wir nicht, aber jeder hat ein geistiges Bild von ihm als dem ungeheuerlichsten, reichsten Mann, gefährlich in seiner Normalität und allen überlegen in seinem Wissen. Letztendlich kommt jeder, der nicht stumm, taub oder aufgeblasen ist, zu dem Punkt, dass er nicht mehr herausfinden will, wer G. ist, sondern durch ihn herausfinden will, wer er selbst ist. Und dazu bietet er reichlich Gelegenheit. [1]

Zurück in der Prieuré, erkrankte ich an einer Innenohrentzündung und hatte hohes Fieber. Gurdjieff rief mich aus Paris an. Könnte ich bitte noch einmal mit ihm nach Berlin fahren? Natürlich konnte ich – denn ich war sein Instrument. Auf der Zugfahrt ließ er mich ihm aus „*Beelzebub in Amerika*" vorlesen, den Teil über die Fahrenden und die Läuse.

Mein Fieber verschwand.

---

[1] Nachlass A. Paquet (II) F 1: G 32.8 – 16. November 1929. Universitätsbibliothek Johann Christian Senckenberg Frankfurt am Main

Kapitel 6 – Reisen

Im Dezember 1929 nahm ich die Einladung eines Professors und seiner Frau an, die Weihnachtsfeiertage mit ihnen in Davos zu verbringen. Während meines Aufenthalts dort erreichte mich ein Brief von Mme de Salzmann aus der Prieuré. Sie schloss mit den Worten: „*Ich hoffe, Sie bleiben nicht lange weg. Nur hier ist Stabilität.*"

Kurz nach meiner Rückkehr Anfang 1930 kündigte Gurdjieff an – für mich völlig überraschend –, dass wir im Februar nach Amerika reisen würden.

Dies war die erste von insgesamt drei Reisen, die ich in Gurdjieffs Begleitung in die Vereinigten Staaten unternahm. Wir fuhren mit dem deutschen Dampfer *S.S. Bremen*. An Bord fiel mir die Aufgabe zu, Gurdjieffs Mahlzeiten nach den deutschen Speisekarten zu bestellen – keine leichte Aufgabe.

Auf dem Schiff war es üblich, dass sich die Mahlzeiten über lange Zeiträume hinzogen: zuerst die Vorspeise, dann eine längere Pause, dann die Suppe, wieder eine Pause – und so weiter. Gurdjieff konnte diese Unterbrechungen nicht dulden. Er erklärte, der Magen „schließe sich", wenn er denke, das Essen sei beendet, und müsse sich dann erneut öffnen, wenn neue Speisen kämen. Man müsse „in einer Linie essen und dann aufhören". Ich musste also nicht nur herausfinden, was er gerne aß, sondern auch, wie ich die vielen Gänge so organisierte, dass sie ohne Pause serviert wurden.

Eines Abends bestellte ich für mich Austern. Gurdjieff machte einen entsetzlichen Aufstand. Jeder im Speisesaal der ersten Klasse hörte, wie er mich lautstark beschimpfte: „Kein schmutziger Fischer in Asien würde jemals so ein schmutziges Ding essen! Wie kannst du nur!"

Die Kellner hatten Mitleid mit mir. Sie brachten mir den bestellten Armagnac in einer Kaffeetasse. „Damit er nicht sieht, was es ist", flüsterten sie mir zu. Zwanzig Jahre lang konnte ich danach keine Austern mehr essen.

Als die Bremen in New York anlegte, stieg Gurdjieff mit einer halb sichtbaren Flasche Armagnac in der Manteltasche von Bord – mitten in der Zeit der Prohibition. Ich sagte zu ihm: „Stecken Sie sie tiefer. Man soll sie nicht sehen." Doch er tat es nicht. Es war wie damals, als er bei einem Treffen mit neuen Interessenten an seinen Ideen plötzlich begann, sich zu kratzen. Verlegen beugte ich mich zu ihm und fragte: „Warum machen Sie das?" Er antwortete kurz: „Flöhe", und kratzte sich weiter.

In New York, wo ich als Gurdjieffs Sekretärin fungierte, organisierte ich Lesungen aus *Beelzebubs Erzählungen* in möblierten Wohnungen, die wir in der 204 West 59th Street gemietet hatten.

Ich musste Eintritt verlangen – zwei, drei oder vier Dollar pro Abend. Jemand beschrieb mich in dieser Rolle einmal als „gnadenlos".

Ein Brief aus jener Zeit an Dr. Walter Beran Wolfe, ursprünglich auf Deutsch verfasst, gibt ein typisches Beispiel:

Herr George Gurdjieff, bekannt durch das „Institut für die harmonische Entwicklung des Menschen" und die Darbietungen östlicher heiliger Tänze, hat in den letzten Jahren zahlreiche Musikstücke komponiert und ein mehrbändiges Werk geschrieben, das verschiedenste Wissenschaften auf der Grundlage des „Erkenne dich selbst" vereint.

Der Titel dieses Buches lautet Beelzebubs Erzählungen für seinen Enkel *– eine objektiv unparteiische Kritik des Lebens der Menschen.*

Am kommenden Donnerstag, dem 6. März, wird daraus in deutscher Übersetzung vorgelesen – pünktlich um 20.45 Uhr im Hause von Mrs. Robert F.J. Schwarzenbach, 9 East 62nd Street. Einige Musikstücke von Herrn Gurdjieff werden ebenfalls zu hören sein.

Die Einladung zu diesem Abend erfolgt auf Anregung von Mrs. Rita Romilly. Auch Ihre Freunde sind herzlich willkommen. Eintritt: 2,50 Dollar.

Hochachtungsvoll,

Louise Goepfert, Sekretärin[1]

Kochen war für Gurdjieff eine Art Erholung. Er liebte es, traditionelle asiatische Gerichte und eigenwillige Kreationen für

---

[1] Brief von Louise Goepfert an Dr. Walter Beran Wolfe, 2. März 1930

seine Gäste zuzubereiten. Während unseres Aufenthalts in New York begleitete ich ihn oft auf seinen Einkaufstouren, bei denen er als „Dr. Kulinarium" – so nannte er sich manchmal selbst – auftrat. Wir gingen

in die griechischen Läden in der 9th Avenue nahe der 40th Street, wo es frisches Fleisch (nicht „Chicago-getötet") sowie wirklich frisches Obst und Gemüse gab. Gurdjieff zeigte einfach mit dem Finger auf das, was er haben wollte – er nannte nie einen Namen. Wer gerade zur Hand war, musste die Einkäufe rasch ins Auto bringen, selbst wenn das bedeutete, Wassermelonen auf die Hüfte zu wuchten.

Er hinterließ einen starken Eindruck bei diesen einfachen Ladenbesitzern. Er wusste, was was war. Ohne Zögern, ohne Zweifel. Man musste ihn sofort bedienen, ohne zu warten. Jahre später, als ich wieder in diese Straße kam, fragten die Verkäufer nach „diesem Mann".

Wie bei allen Amerika-Reisen war auch diesmal die Geldbeschaffung für Gurdjieffs Arbeit ein zentrales Thema. Er zeigte uns, wie man jede Gelegenheit dafür nutzen konnte. Schüchternheit war fehl am Platz. Die Haltung „Ach, das kann ich doch nicht verlangen" mussten wir ablegen.

Eines Tages im März 1930, als Gurdjieff von einem Termin zurückkam, bat er mich, einen Brief an Margaritha Schwarzenbach zu schreiben. Ich schloss seine Worte an mich in mein Schreiben ein:

Miss, ich möchte mein heutiges Treffen mit Mrs. Schwarzenbach im Café nicht durch diese „dreckige Dollar-Frage" verderben. Ich möchte dieses Gespräch nicht belasten. Aber objektiv gesehen muss dieses Thema angesprochen werden. Sie erinnern sich, Miss, dass sie im Winter eine objektive Pflicht hatte, die sie nur zur Hälfte erfüllt hat. Daher bin ich objektiv gezwungen, sie an die 4000 Dollar zu erinnern. Du weißt, dass ich diese Summe nur bis zum ersten März geliehen habe und dass ich sie umgehend zurückzahlen muss. Wir haben bereits einige Tage überzogen. Vielleicht läuft schon ein Gerichtsverfahren – Sie verstehen, was das bedeutet – ein Verfahren gegen die Prieuré.

Sie ist auch objektiv verpflichtet, für diese Reise aufzukommen, da ihre Verzögerung bei der Erfüllung ihrer Pflicht diese Reise notwendig gemacht hat. Aber das ist eine andere Frage. Jetzt möchte ich sie an die 4000 Dollar

erinnern. Miis, sei so freundlich und schreibe Mrs. Schwarzenbach, dass ich es auch hasse, von dieser „dreckigen Dollar-Frage" zu sprechen, aber dass ich verpflichtet bin, sie an ihre objektive Pflicht zu erinnern. Im Café will ich mit ihr über etwas ganz anderes sprechen.

Ich schloss meinen Brief mit den Worten:

Und ich, liebe Seele, übermittle Ihnen dieses Gespräch so gut ich kann. Ich wünsche sehr für Herrn Gurdjieff und für Sie, dass sich diese unangenehme Frage klären lässt, ohne dass Sie darüber sprechen müssen – oder zumindest nicht allzu viel.[1]

Eines Abends, auf der Rückfahrt nach Frankreich im April 1930, saß ich mit Gurdjieff und dem Rest seiner Entourage nach dem Abendessen im Speisesaal der ersten Klasse. Die Musik des Bordorchesters lud zum Tanz, und ein Herr trat an mich heran, verbeugte sich und fragte höflich: „Darf ich bitten?"

Ich blickte zu Gurdjieff hinüber, als wollte ich fragen: „Darf ich?" Er zuckte mit den Schultern – ein vages „Wie du willst". Also tanzte ich.

Als ich an den Tisch zurückkam, erhob Gurdjieff mit donnernder Stimme den Vorwurf:

„Ein wirklicher Mensch braucht keine Erregung! Das ist Kitzeligkeit! Diese Manifestation verabscheue ich!"

Er schimpfte hemmungslos. Mit solcher Wucht, dass das ganze Schiff zu beben schien. Die anderen Gäste im Speisesaal verstummten; sie hielten ihn wohl für einen ungebildeten, eifersüchtigen Mann, der grundlos einen Aufstand machte.

Meine Reaktion war so heftig, dass mein Gesicht wie gelähmt war. Hätte ich verstanden, dass es sich um „Kitzel" handelte, hätte ich nicht getanzt. Ich hatte nicht bewusst gewählt. Ich hatte nicht gefühlt, nicht gewertet. Aber war es wirklich Kitzel? War es das?

---

[1] Brief von Louise March an Margaritha Schwarzenbach, 3. März 1930.

Ein schmerzhafter innerer Kampf begann. Ich erkannte, dass mein Wunsch nach Transformation nicht vollständig war. Ich hatte aus einem Moment der Gedankenlosigkeit gehandelt – nicht aus echtem Verlangen, sondern aus einem Mangel an Bewusstheit. Das war unverzeihlich.

Ich begann zu verstehen, dass ich nichts wusste. Dass ich mich nicht richtig verhalte, wenn ich mich auf soziale Normen verlasse. Dass es notwendig war, alles an einem neuen Maßstab zu messen.

Ich konnte in dieser Nacht nicht schlafen.

Am nächsten Morgen sagte Gurdjieff zu mir: „Schreibe an Mutter. Sage: ‚Bitte komm Prieuré.'"

Zur Vorbereitung auf ihre Ankunft überlegte er: „Welches Kapitel lesen, wenn Mutter kommt?" Dann sagte er: „‚*Aschiata Schiämasch*'. Das für Mutter."

Später, wann immer Besucher in die Prieuré kamen, fragte mich Gurdjieff: „Welches Kapitel du meinst, soll gelesen werden?"

Die Auswahl eines Kapitels aus *Beelzebubs Erzählungen* für einen bestimmten Gast war eine Art psychologisches Studium. Diese Aufgabe übergab er mir.

Im Verlauf der Jahre, in denen man *Beelzebubs Erzählungen* hörte, wurde deutlich: Der äußere Mensch, der sich für wichtig hält, dessen Leben von tausend kleinen, täglichen Begeisterungen erfüllt ist, wurde nach und nach stiller, ernster. Und der innere Mensch – jener, zu dem kaum jemand durchzudringen vermag – begann sich zu zeigen. Zunächst selten, dann öfter.

Man musste nicht darüber sprechen; man spürte, dass dieses Buch zur echten Nahrung geworden war, zu einem inneren Maßstab.

Für Selbstzufriedenheit war kein Platz mehr, wenn man erkannte, wie lange es gedauert hatte, auch nur etwas annähernd zu verstehen. Keine Selbstzufriedenheit, wenn man merkte, dass schon zwei Stunden Zuhören zu viel sein konnten.

Jede Seite in *Beelzebubs Erzählungen* konfrontierte den Leser mit der eigenen Unzulänglichkeit und inneren Zerrissenheit – und weckte zugleich den tiefen Wunsch nach etwas Beständigem, Sicherem, Dauerhaftem.

Das Buch stärkte die Fähigkeit zu forschen, zu prüfen, nachzudenken. Es weckte Kräfte, die niemals Recht geben, aber den Geschmack davon vermittelten, was ein Mensch sein könnte – und sein sollte.

Nach unserer Rückkehr aus Amerika im Frühjahr 1930 waren meine Schwester Maria, ihr Ehemann und ihre beiden kleinen Söhne zum Osterfest in die Prieuré eingeladen. Was sie dort erlebten, war außergewöhnlich: Gurdjieff übertrug meinem Schwager, der nie zuvor ein Tier geschlachtet hatte, die Aufgabe, das Lamm für das Ostermahl zu schlachten und zuzubereiten.

Gurdjieff widmete meinen Neffen, Peter und Hans, besondere Aufmerksamkeit. Der kleine Peter konnte noch nicht richtig laufen. Gurdjieff saß im Schneidersitz auf dem Boden und lockte ihn zu sich. Es war wunderbar zu sehen, wie der Kleine über Gurdjieff hinwegkroch. Ich hatte das Gefühl, Gurdjieff wolle in mir den Wunsch wecken, ein Kind zu haben.

Er pflegte zu sagen: „Eine Frau bekommt ihre Seele mit einem Kind." Und: „Es ist nicht notwendig, ein Kind zu haben, notwendig ist die Bereitschaft für ein Kind."

Gurdjieff betonte oft die Bedeutung der Beziehung zwischen Geschwistern. Einmal riet er einem Ehepaar mit einem Einzelkind, ein zweites Kind zu bekommen: „Wenn ihr tot seid, ist er allein." Jahre später, bei einem Fest in New York, gab er einem jungen Mädchen eine besonders feine Leckerei und bat sie, diese demjenigen zu geben, den sie in ihrer Familie am meisten mochte. Als sie sie ihrer Mutter gab, sagte Gurdjieff missbilligend: „*Canaille* will Mutter gefallen. Hätte Schwester geben sollen. Wenn Mutter unter der Erde, Schwester bleibt fürs ganze Leben. Muss besser kalkulieren!" [In diesem Zusammenhang ist „Canaille" wohl am ehesten mit „Schlitzohr" zu übersetzen.]

Ende April 1930 schrieb ich an Paquet:

Amerika ging so schnell vorüber, und ich war so vollständig absorbiert vom außergewöhnlichen Tun Herrn Gurdjieffs, dass ich von dort aus Ihren Brief nicht beantworten konnte. Nun bin ich wieder in der Prieuré, auf einer der Bänke auf der Terrasse mit Blick auf den gepflegten, frühlingsergrünten Garten.

Gurdjieff ließ mich die englische Übersetzung amerikanischen Zuhörern vorlesen, um zu beobachten, wie sie sie aufnahmen, ebenso die französische Version den Franzosen. Er möchte die deutsche Fassung an Deutschen in Deutschland erproben, aber nicht in Berlin – für das er andere Pläne hat –, sondern an einem „anderen deutschen Ort". Als ich Frankfurt vorschlug, schien er zufrieden, sicher auch, weil Sie dort sind. Es sollte möglich sein, eine Gruppe ernsthafter Menschen zusammenzustellen, unter ihnen, wie es Gurdjieff wünscht, wenigstens zehn „Familienväter". Die Zuhörer wären natürlich seine Gäste. Das Buch wäre die „Mahlzeit", und Gurdjieff würde für die Kosten des Veranstaltungsorts aufkommen. Wenn Sie einverstanden sind, ließe sich dies vielleicht schon im Mai verwirklichen.
[1]

Paquet antwortete umgehend. Er äußerte Zweifel, ob sich zehn „Familienväter" finden ließen, die an einer fortlaufenden Reihe von Lesungen und Treffen teilnehmen könnten, angesichts der damaligen Lage in Deutschland. Er schrieb:

Niemand hat Zeit oder innere Ruhe. Die wirtschaftliche und berufliche Situation ist in Deutschland so angespannt, dass alle Menschen bis zum Äußersten unter Spannung stehen. Es ist eine ungünstige Zeit für geistige Unternehmungen.

Trotz aller Bedenken fügte er hinzu:

Aber dennoch sage ich – kommen Sie nach Frankfurt! Ich werde alles tun, was ich kann.[2]

[Es gibt keine Hinweise darauf, dass im Frühjahr oder Sommer 1930 ein Treffen mit Paquet, seinem kleinen Kreis interessierter Freunde, Louise Goepfert und Gurdjieff tatsächlich stattfand. In den folgenden Jahren setzten Gurdjieff und Paquet ihre Korrespondenz über mögliche, letztlich nicht realisierte Zusammenkünfte in Frankfurt fort. Im März 1934 schrieb Paquet an Gurdjieff. Nachdem

---
[1] Nachlass A. Paquet (II) A 8 III (Goepfert, Louise) – 28. April 1930. Universitätsbibliothek Johann Christian Senckenberg Frankfurt am Main.
[2] Nachlass A. Paquet (III) Kiste 3,1 (A. Paquet) – 2. Mai 1930. Universitätsbibliothek Johann Christian Senckenberg Frankfurt am Main.

er seine Freude darüber ausgedrückt hatte, Gurdjieffs Stimme am Telefon gehört zu haben, erklärte Paquet, dass sein voller Terminkalender ein Treffen äußerst schwierig mache. Er schlug jedoch eine etwas umständliche Zwischenlösung vor. Im selben Brief lehnte Paquet Gurdjieffs Einladung ab, ihn auf eine Amerikareise zu begleiten. [1]]

Zwei Tage später sandte Gurdjieff ein Telegramm aus Berlin an Paquet in Frankfurt mit den schlichten Worten: „Leider kann nicht kommen. Brief folgt." [2]

* * *

Zur Vorbereitung unserer zweiten Amerikareise, die am 11. November 1930 begann, ließ Gurdjieff mich mehrere Verpflichtungserklärungen formulieren. Jeder, der von der Prieuré aus mit nach New York fuhr, musste eine davon unterschreiben. Eine einfache lautete:

Ich werde über alles, was Gurdjieff, die Prieuré und Gurdjieffs Arbeit betrifft, völliges Stillschweigen bewahren.

Eine andere, datiert auf den 1. November 1930, enthielt folgende Bedingungen:

Ich erkläre mich hiermit einverstanden und verpflichte mich für meinen Aufenthalt bei Herrn Gurdjieff in New York zu den folgenden Bedingungen:

I. Ich werde keinerlei persönlichen Kontakt – weder mündlich noch schriftlich – zu Personen haben, mit denen Herr Gurdjieff in Kontakt tritt oder die zur früheren Gruppe von Herrn Orage gehörten.

II. Ich werde mein Verhalten kontrollieren und es im Sinne von Achtung gegenüber Herrn Gurdjieff und Höflichkeit gegenüber den Menschen in seiner Umgebung gestalten.

III. Sollte Herr Gurdjieff es für notwendig halten, mir in diesen Bereichen weitere genaue Anweisungen zu geben, werde ich mich diesen jederzeit unterordnen.

---

[1] Brief von A. Paquet an Gurdjieff vom 28. März 1934. (nicht öffentlicher Teil des Nachlasses A.Paquet) . Universitätsbibliothek Johann Christian Senckenberg Frankfurt am Main.
[2] Telegramm von Gurdjieff in Berlin an Paquet in Frankfurt am Main, 30. März 1934

In New York wohnten wir erneut in den Apartments in der 204 West 59th Street.[1]

Gurdjieff begann sofort mit der Neuordnung der Orage-Gruppen, die er später in seinem Buch „Das Leben ist nur dann wirklich, wenn ‚ich bin'" beschrieb. Bei einer Versammlung dieser Gruppen las ich auf Gurdjieffs Wunsch einen Brief an Orage laut vor. Danach wurden die „Orage-Leute" aufgefordert, eine Verpflichtungserklärung zu unterschreiben, in der sie sich verpflichteten, ohne ausdrückliche Anweisung keinen weiteren Kontakt zu Orage aufzunehmen.

Es war meine Aufgabe, die Anwesenden zu beobachten und anschließend eine Liste zu erstellen, in der ich jede Person einer von drei Kategorien zuordnete: Die erste umfasste diejenigen, die das Versprechen bedingungslos unterzeichneten; die zweite, jene, die erklärten, sie könnten oder wollten es keinesfalls unterschreiben; die dritte bestand aus Menschen, die unentschlossen waren oder Gründe bzw. Ausreden nannten, warum sie nicht unterschrieben – in dieser letzten Gruppe befanden sich viele: „Er ist mein Verleger", „Ich besuche seine Literaturkurse".

Während eines der Treffen mit den Orage-Gruppen kündigte Gurdjieff an, dass er beim nächsten Mal nicht erscheinen werde. Er sagte: „Letztes Mal sehen mich." Doch entgegen seiner Ankündigung gingen wir beide beim nächsten Termin doch zu der Versammlung. Bevor wir den Raum betraten, in dem aufgeregte Gespräche stattfanden, sagte Gurdjieff zu mir: „Ganz still sein." Dann betraten wir direkt das Zentrum des Geschehens. Ungesehen hörten wir alles, was gesprochen wurde.

Orage war zu jener Zeit noch in England, kam aber kurz darauf in New York an. Er traf sich sofort mit mir, um persönlich zu erfahren, was geschehen war. Danach bat er mich, ein Treffen mit Gurdjieff zu arrangieren. Im Anschluss unterschrieb er selbst die Erklärung gegen sich.

---

[1] Quittung von Trebuhs Realty für $200 von G.J. Gundgieff (sic), vom 20. März 1930, für die Miete von Apt G für "einen Monat beginnend am 20. März 1930"

Die Lesungen aus *Beelzebubs Erzählungen* wurden fortgesetzt. Folgende Ankündigung wurde veröffentlicht:

„Am kommenden Freitag, dem 19. Dezember 1930, findet um 21 Uhr in Apartment Q, 204 West 59th Street, eine weitere Lesung des Buches statt, bevor Herr Gurdjieff nach Chicago abreist. Es wird erwartet, dass

Georges Gurdjieff

PHONE CIRCLE 2313

204 CENTRAL PARK SOUTH
NEW YORK CITY

Visitenkarte von Georges Gurdjieff mit Adresse seines New Yorker Appartements an der 204 Central Park: South – dem Ort der Lesungen und Treffen mit seinen Schülern.

Herr Gurdjieff selbst zu seinen Aktivitäten in New York sprechen wird. Für weitere Informationen wenden Sie sich bitte telefonisch an Fräulein Goepfert, Circle 7-3748. Eintritt: Mitglieder und Personen, die bereits an früheren Treffen teilgenommen haben: $2.50. Neue Teilnehmer: $1.00."

Bei einer dieser Amerikareisen, vermutlich dieser, begleiteten uns Michel de Salzmann und Nicolai Stjoernval. Gurdjieff gab den beiden Jungen die Aufgabe, Amerika zu erkunden – und sie taten es. Sie streiften durch die Straßen und Geschäfte von New York „wie Läuse", wie Gurdjieff sagte.

Eines Tages im Winter in New York sagte Gurdjieff zu mir, er wolle am nächsten Tag Fotografien anfertigen lassen. „Hol besten Fotograf in der Stadt." Als ich den renommiertesten Fotografen anrief, fühlte dieser sich brüskiert, dass ich ihn mit so kurzer Frist angefragt hatte.

Stattdessen arrangierte ich einen Termin mit Toni von Horn [1], einer deutschen Freundin von mir, die unter dem Namen „Tony von Horn" als eine der ersten professionellen Fotografinnen arbeitete. [2]

Am nächsten Tag zogen wir mit der ganzen Gruppe in ihr Atelier. Zuerst posierte Gurdjieff allein. Toni schlug vor, eine Apparatur zu verwenden, die den Kopf während der Aufnahme fixierte. Das erzürnte Gurdjieff: „Wenn will, kann Kopf halten bis letzter Tag." Während sie ihn fotografierte, blickte er mich an. Ich fühlte ein ungeheures Gewicht – als ob die ganze Welt auf mich drückte. Ich rang darum, dem standzuhalten. In mir entstand der Gedanke: „Ich kann es halten."

Dann war das Gruppenfoto an der Reihe: Herr Gurdjieff, Dr. Stjoernval, Mme de Salzmann, ich, Michel und Nicolai. Es gab ein großes Hin und Her – wer soll stehen, wer sitzen, wie sollen wir aussehen? Am Ende standen Mme de Salzmann und ich, während die beiden bärtigen Männer an den Enden des Sofas saßen, die Jungen dazwischen. Am nächsten Tag rasierte sich Gurdjieff den Bart ab – das war der Grund für die Fotos gewesen. Geld blieb weiterhin ein zentrales Thema. Am 28. Januar 1931 erschien in der *New York Herald Tribune* ein Artikel über Gurdjieffs Besuch in New York, in dem stand:

„Herr Gurdjieff sagte, dass er in Amerika sei, um ‚Schafe zu scheren' – unter anderem –, doch er wollte die Bedeutung seiner Worte nicht weiter erläutern."

Wir wussten, was er meinte. Er benötigte Geld zur Unterstützung seiner Arbeit, und „Schafe scheren" war sein Ausdruck für das Einholen dieser Mittel. Er sagte: „Jemand hat zu viel – warum nicht nehmen? Das Schaf ist froh, wenn es seine Wolle loswird. Also soll der, der zu viel Geld hat, geben. Besser, als es zu horten."

---

[1] Tony von Horn, wie sie ihren Namen auf den Fotografien schrieb, war eine der ersten professionellen Fotografinnen.
[2] In der Gurdjieff-Gemeinschaft kursieren mehrere Fotos eines bärtigen Gurdjieffs, die mit „Tony von Horn" signiert und auf 1924 datiert sind. Es ist wahrscheinlicher, dass diese im Winter 1930-1931 aufgenommen wurden, als Louise Goepfert Toni und Gurdjieff in New York vorstellte

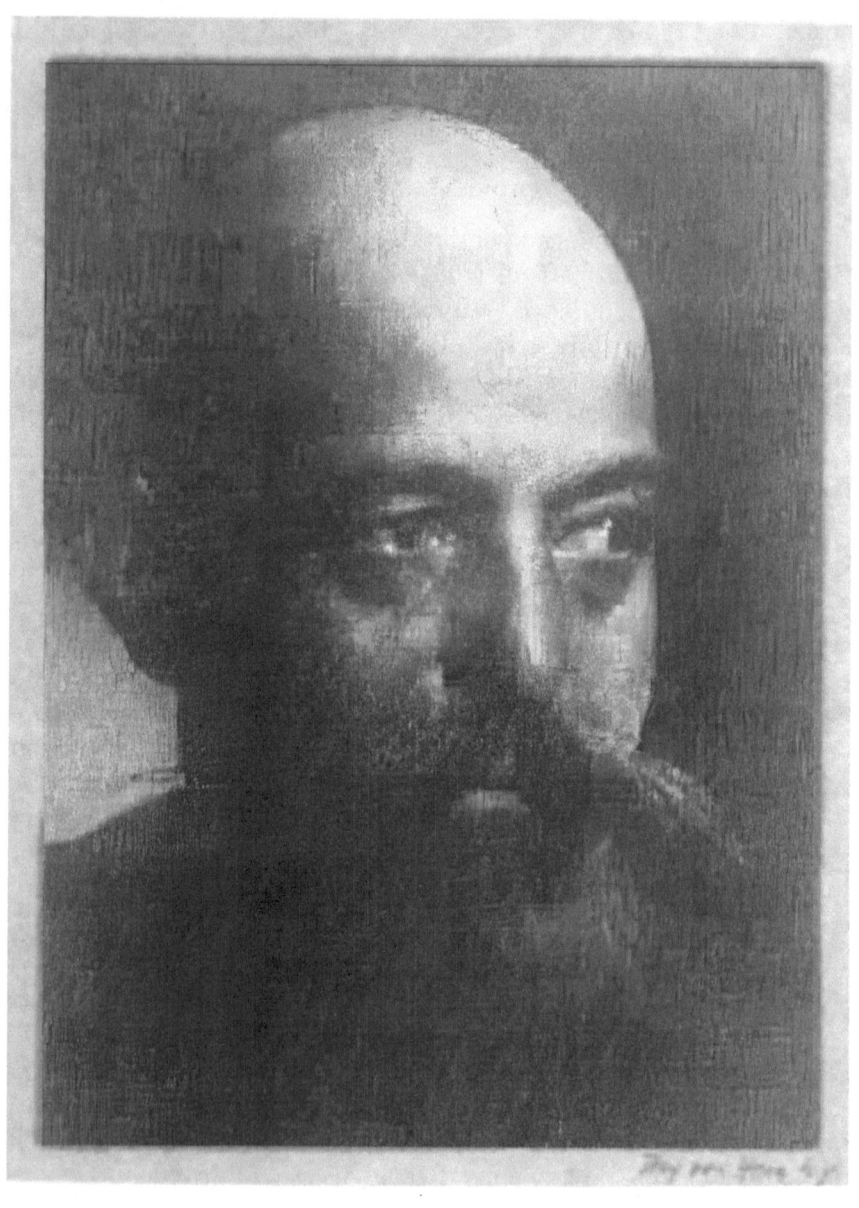

*Winter 1930-31 – George Ivanovitch Gurdjieff
von Tony von Horn*

Am 28. Dezember, noch vor seiner Abreise nach Chicago, diktierte Gurdjieff mir einen Brief, den ich seinen New Yorker Schülern laut vorlesen sollte. Er lautete unter anderem:

Und so seid ihr es – die ihr für mich, sei es durch Zufall oder durch den Willen des Schicksals, liebe Freunde in New York geworden seid –, wenn auch oft, sozusagen, ‚angeknurrt', worauf ihr selbstverständlich in gleicher Weise geantwortet habt.

Morgen beabsichtige ich, nach Chicago zu fahren, mit derselben Schwerpunkt-Intention und derselben Intensität des Wunsches, die ich bereits bei meiner Ankunft hier hatte und die mich die ganze Zeit in New York beschäftigt hat, nämlich: vor allem, meine schriftlichen Ausarbeitungen so rasch wie möglich zu vollenden sowie die bereits begonnenen Übersetzungen in andere Sprachen fortzuführen; zweitens, die vergleichsweise großen Schulden zu begleichen, die sich zwangsläufig durch unzureichende Einnahmen während der Jahre meiner schriftstellerischen Arbeit angehäuft haben; und drittens, die erforderliche Summe für die Veröffentlichung und Verbreitung des bereits Geschriebenen aufzubringen.

Während meines letzten Aufenthalts hier in eurem Land konnte ich einen Teil dieser Aufgaben bereits mehr oder weniger zufriedenstellend verwirklichen – natürlich auch diesmal wieder mit Hilfe höherer Kräfte und mit Unterstützung einiger von euch.

Nun, da ich abreise und einen Teil der mir ergebenen Menschen bei euch zurücklasse, habe ich die Erfüllung bestimmter Verpflichtungen, die sich aus verschiedenen Vereinbarungen ergeben, aufgeteilt – zwischen mir und Fräulein Goepfert. Wir beide müssen unsere jeweiligen Aufgaben unbedingt erfüllen, was auch immer es kosten mag, um Missverständnisse zu vermeiden – sowohl in der gegenwärtigen Phase dieser Vereinbarungen als auch angesichts der großen und bleibenden Wirkungen, die aus den Ergebnissen meiner gesamten bisherigen Lebensaktivität bald hervorgehen sollten.

Die Verpflichtung, die ich Fräulein Goepfert auferlegt habe und die sie freiwillig übernommen hat, besteht darin, die Summe von 350.000 Francs für den Notar in Fontainebleau bereitzustellen. Damit soll die Hypothek

*Winter 1930-31 – Gurdjieff "Family" von Tony von Horn
G.I. Gurdjefff, L. Goepfert, Michel de Salzmannm, Nicolai Stjoernval, J. de
Salzmann, Dr. L. Stjoernval. Das Foto wurde der Autorin von Louise March
zur Aufnahme in dieses Buch zur Verfügung gestellt.*

getilgt werden, die vor sechs Jahren von meinem näheren Umfeld auf die Prieuré aufgenommen wurde – genau in der Zeit der größten Krise unserer gemeinsamen Arbeit, verursacht durch meine Krankheit und die Krankheiten meiner verstorbenen Mutter und Ehefrau. Die Rückzahlungen dieser Hypothek waren für mich über all die Jahre hinweg ein ‚bodenloses

Fass' und haben meine ohnehin stark beanspruchten Nerven oft aufs Äußerste gereizt.

Da es mir in der gegenwärtigen wirtschaftlichen Lage Amerikas sowohl sehr schwer als auch ungerecht erscheint, die ganze Summe von einer einzelnen Person zu erbitten, bitte ich daher alle meine amerikanischen Wesensfreunde in New York, Miss Goepfert nach Möglichkeit bei der Erfüllung ihrer übernommenen Verpflichtung zu unterstützen.

Ich, der Verfasser der ‚Objektiv-unparteiischen Kritik des Lebens des Menschen', gebe euch mein Wort, jedem von euch den zugewiesenen Betrag in einem Jahr mit Dank zurückzuerstatten.

Der Brief war auf der ersten und zweiten Seite von Gurdjieff paraphiert, die letzte Seite trug seine Unterschrift: „G. Gurdjieff".

Als Gurdjieff am 14. März 1931 nach Europa zurückkehrte, blieb ich zunächst zurück. Ich musste herausfinden, was ich ohne ihn war. Gurdjieff hatte mir gesagt, dass die Tür der Prieuré nur für einige Monate offen bleiben würde.

Bevor er abreiste, wurde mir beinahe das Herz herausgerissen, als ich ihm *Der Bergpass* [1] vorlas.

„Warum du weinen?" fragte er. „Würstchen, jetzt schwierig mich sehen." Dabei wies er auf seine schäbige Jacke. „Einfach für dich, als ich war König."

Eine Stimme in mir rief: „Für mich bist du König, ganz sicher."

Ich musste mich von ihm losreißen.

* * *

Von März bis Juni desselben Jahres reisten meine Freundin Peggy Matthews und ich mit dem Auto quer durch die Vereinigten Staaten. Es war ein Abenteuer voller Arbeit, Sehenswürdigkeiten und Pannen. Es gab Reifenpannen, Umwege und Autounfälle.

Wir besichtigten die indigenen Ruinen im Frijoles Canyon, nahmen an Gesängen und Sandbilder-Zeremonien bei einem Stamm der Navajo teil, sahen das Taos Pueblo und den Grand Canyon.

Als ich krank wurde, behandelte mich ein indigener Schamane.

Wir besuchten die spanische Mission in San Luis Rey, eine „Holy Rollers"-Kirche, eine Veranstaltung der Theosophischen Gesellschaft und ein Fest der Negro Baptisten.

Ich verbrachte Zeit mit meiner alten Freundin Gela, sah Jessmin Howarth und ihre Tochter Dushka und besuchte Miss Gordons Schwester.

Unsere Reiseroute war so gewählt, dass sie Städte in North Carolina, New Mexico und Kalifornien umfasste, in denen Orage Menschen kannte, die Gurdjieffs Arbeit gegenüber aufgeschlossen

---

[1] heute bekannt als *„Das gesetzmässige Resultat unparteiischen Denkens"*.

waren. Ich nahm Kontakt mit diesen Personen auf, und an mehreren Orten wurden Zusammenkünfte organisiert, bei denen ich aus *Beelzebubs Erzählungen* vorlas. Auf diese Weise konnten wir sogar etwas Geld für die Prieuré sammeln.

9. April 1931

Abfahrt aus Bat Cave, North Carolina, mit George Dotson – schwarze Katze überfahren, Reifenpanne, Pfirsichblüten, Umleitungen. George hätte beinahe eine alte Frau überfahren. Peggy ist in Nashville in einen Lastwagen gelaufen. Übernachtung für je 1 $ in einem sehr netten Landhotel, hohes altes Bett, Tennessee, todmüde.

12. April 1931

Kein Benzin mehr. George ging drei Meilen zu Fuß, wir saßen auf den Bahngleisen. Wüstenlandschaften – rosafarbene Erde, blaue Schatten, grauweißes Gras, Salbeibusch. Ankunft in Santa Fe, gingen ins La Fonda Hotel, schickten George zurück.

21. Apri 1931:

Schamane fragte mich: „Was würdest du tun, wenn ich singe?" Ich antwortete: „Beten." Da fühlte ich mich schon etwas besser. Zwei bis drei Stunden dauerte es – Gesang, Reiben von Stirn, Schultern und Knie. Trank Medizinwasser mit Kräutern aus einer Muschelschale, schlief danach und fühlte mich erleichtert.

30. April 1931

Für einmal 100 Meilen in zwei Stunden geschafft, zwei Minuten später: Reifenplatzer. Lenkung sehr schlecht, zwei neue Reifen. Verlassenes Bergbaugebiet, furchteinflößende Männer. Mittagessen in Needles, Kalifornien – sehr heiß, warteten auf zwei weitere neue Reifen. Motor überhitzte ständig, fuhren auf eine Baustellenstraße, Kondensator durchgebrannt. Peggy ging zu Fuß in die Stadt, ich saß zufrieden im Schatten. Ein Farmer kam und reparierte den Wagen. Ich fuhr zum ersten Mal allein. Sandsturm.

10. Mai 1931

Mit S. Gurdjieff-Abend detailliert geplant. Später bei V.: Greta Garbo, lange Wimpern, stellte viele Fragen über Gurdjieff, beeindruckt von seinem Foto.

12. Mai 1931

Gurdjieff-Abend, las „Vom Autor". Verschiedene Leute, etwa 30 anwesend, einige interessiert. Andere lauschten im unteren Stockwerk persönlichen Geschichten über G.

11. Juni 1931

Autounfall. Hatte eine Vision, sah zwei Räder über einer Kante. Kurze Auseinandersetzung mit Peggy, die mein Überholen kritisierte. Ich – zu meiner eigenen Überraschung – ärgerlich: „Jetzt werden wir wegen deiner Nervosität einen Unfall haben." Und wir stürzten über die Böschung. Langsam, im zweiten Gang, Verdeck offen, keine Angst. Peggy wurde sanft hinausgeschleudert, dann überschlug sich der Wagen, Glassplitter. Ich dachte: Jetzt ist es ernst. Alles still. Ich unter dem Wagen, schaute umher, konnte nicht heraus. Peggy half mir. Sie – nicht im Geringsten verletzt. Ich – ein übel aufgeschnittener Finger, Prellung am Oberschenkel. Wir tanzten, glücklich, rannten zwei Meilen. Kamen fünf Minuten vor sieben nach Hause, kochten schnell. Edward Weston [der Fotograf] kam um sieben zum Abendessen. Kein Wort über den Unfall. [1]

Peggy und ich gingen am 25. Juni in San Francisco an Bord der *Asana Maru*, einem japanischen Schiff, zu einer viermonatigen Reise durch den Fernen Osten. Es war ein gewagtes Unternehmen für zwei alleinreisende junge Frauen im Jahr 1931. Aus dieser Reise bleiben mir einige lebhafte Erinnerungsbilder.

In Japan: Sushi und Tempura, Teezeremonien, Kabuki- und Nö-Theater, und Geishas so zart, dass sie wie Porzellanfiguren in Bewegung wirkten. Ein Abend im japanischen öffentlichen Bad – sehr heiß und sehr überfüllt, erinnerte an Darstellungen der Hölle.

---

[1] LGM-AWM

Im Myōshinji-Kloster, einem Rinzai-Zen-Tempel, begegnete ich dem tatkräftigen und zugleich würdevollen Abt Kozuki in schwarzer Mönchsrobe und weißem *kesa*. Er schenkte mir einen Rosenkranz mit achtzehn schwarzen Perlen – jede stand für ein menschliches Verlangen, das in Tugend verwandelt werden sollte. Als ich ihn fragte,

ob es im Buddhismus etwas gebe, das dem christlichen Gnadenbegriff entspreche, antwortete er: „Es gibt eine äußere Hilfe – eine absolut notwendige: den Lehrer, der den Schüler beobachten und leiten muss, bis dieser selbstständig werden kann."

In China: Rikschas, Jade, Stickereien und Seide, der süße Duft von Opium, der überall in der Luft lag, Lotosblüten, Rehe in Ställen wie Pferde, das stille und zugleich majestätische Ling-Yin-Kloster mit seiner Halle des Großen Buddha – wie ein chinesisches Walhall – und ein Flug über die Tieralleen der Ming-Gräber.

In einer besonders dunklen, dichten Nacht zog eine schweigende Prozession – ein chinesischer Leibwächter mit Pistole, Peggy barfuß, ein einheimischer Kuli-Führer und ich – den Hügel hinauf. Blitze zuckten in der Ferne und warfen gespenstische Silhouetten. Oben angekommen fanden wir ein Gebäude mit großem gemauertem Feuerstelle und Kupferbehältern zum Trocknen von Teeblättern. Drinnen entfaltete ein Teehändler kleine Päckchen aus Zeitungspapier, um uns Proben riechen und kosten zu lassen, bis er eines für gut genug befand.

Eines Morgens wachte ich in Suzhou auf und hatte das Gefühl, Glas in den Augen zu haben. Man diagnostizierte bei mir eine Hornhautentzündung – eine sehr ernste Erkrankung in jenen Tagen, als es noch keine Antibiotika gab. Wegen der Gefahr der Erblindung wurde ich in ein Krankenhaus in Shanghai gebracht. Während der langen Zugfahrt dorthin dachte ich über alles nach und akzeptierte schließlich innerlich, dass ich möglicherweise mein Augenlicht verlieren würde. Während der Woche, die ich im Krankenhaus von Shanghai lag, behandelten deutsche Ärzte meine Augen mit Spritzen und Tropfen. Chinesische Krankenschwestern mit kühlen Händen rieben meinen heißen Körper mit Alkohol ein. Nach der Entlassung musste ich meine Augen mit einer dunklen Brille und einem Entenfederfächer schützen.

Mitte August unternahmen Peggy und ich eine dreitägige Reise zum alten und heiligen Berg Tai Shan. [1]

Wir stiegen die mehr als sechstausend Granitstufen in Sänften hinauf, die jeweils von zwei kräftigen chinesischen Trägern getragen wurden.

13. August 1931

Der Berg ist durch Wind, Wetter und Jahrhunderte so stark abgetragen, dass er kahl in riesigen, zerrissenen Felsplatten daliegt. Er ist dem Wechsel der Jahreszeiten entzogen, hat aufgehört, sich mit Blumen oder Bäumen zu schmücken. Die wenigen Blumen wirken ärmlich und spärlich wie jene auf alten Gräbern. Die Bäume stehen vereinzelt in Felsnischen – alt, ohne Bedürfnisse, ohne Wünsche. Während wir hinaufsteigen, spüren wir, wie unsere Gedanken vergeblich gegen diesen toten Riesen anschlagen. „Oh du toter, starker, alter, verlassener Berg – sei uns gnädig. Und selbst wenn der Preis sein sollte, dass wir tot, alt und verlassen sind – lehre uns, stark und ewig zu sein wie du."

In jener Nacht schien ich in den Falten des Berggottes Tai Shan zu schlafen. Am nächsten Mittag erreichten wir nach tausend Stufen ohne Unterbrechung „den Turm, der die Leere berührt". In der Nähe stand ein Tempel, der einer Prinzessinnen-Göttin geweiht war, die die Macht hatte, Söhne zu schenken und Augenleiden zu heilen.

Ganz oben auf dem Berg bewegten sich Nebel und Wolken hin und her. Der Ort, der für mich bestimmt war, war der „Stein der Meditation". Er stand aufrecht, war jedoch durch Blitzschlag in drei Teile zerborsten. Fünf Stufen führten aus vier Himmelsrichtungen zu ihm, und eine niedrige Steinbank umgab ihn. Dann sanken die Wolken und der Nebel nieder. Einen Moment lang war die ganze Welt verborgen. Nichts als ein Stein – ich.

---

[1] In der Provinz Shandong ist der 1.500 Meter hohe Tai Shan seit über 3.000 Jahren ein Ort religiöser Verehrung. Eine der dort verehrten Gottheiten ist Yanguang Nainai, die Göttin des Augenlichts. Heute bringen Seilbahnen Besucher auf den Gipfel.

1931
6293 Stufen zum Tai Shan, dem heiligsten Berg in China.

Im Herbst traten Peggy und ich die Rückreise nach Europa mit der Transsibirischen Eisenbahn an. Peggy wollte länger bleiben, aber ich hatte in Peking einen Traum, der mir sagte, dass ich zurückkehren solle. Während der dreizehn Tage im Zug schrieb ich rückblickend Tag für Tag in mein Tagebuch.

Als ich in der Prieuré ankam, wog ich nur noch 45 Kilo. Als Gurdjieff sah, wie dünn ich war, sagte er: „Sollen essen jeden Tag ein Pfund Butter."

Im Oktober 1931 schrieb ich an Paquet:

Worte können unmöglich die Veränderungen hier beschreiben. Es ist stiller als je zuvor, und es gibt keinerlei Pläne – außer denen, die G. sein „wahnsinniges Gehirn" nennt. Ich seufze und sehne mich nach New York. Wie soll ich begreifen, dass ich erneut vom Tai Shan herabgestiegen bin und die westlichen Hügel bei Peking hinter mir gelassen habe? [1]

Meine Ankunft in der Prieuré erfolgte nur zwei Tage, bevor Gurdjieff und sein Gefolge nach Amerika aufbrechen sollten. Ich versuchte noch, eine Kabine auf demselben Schiff zu bekommen, aber es war bereits alles ausgebucht. Unerwartet traf ich auf einer Straße in Paris meine Freunde Willem Nyland und dessen Frau Ilonka Karasz – die Künstlerin, gerade zurück aus Java. Das niederländisch-ungarische Ehepaar kaufte mir ein Ticket für ein anderes Schiff, damit ich gemeinsam mit ihnen reisen konnte.

Als Gurdjieff mein Telegramm erhielt, dass ich auf dem Weg nach New York sei, sagte er: „Ich wünsche nur sie – und sie ist hier."

Zwei Monate später, am 15. Januar 1932, als Gurdjieff mit der *S.S. Bremen* New York in Richtung Cherbourg verließ, war ich bei ihm. Ebenso Mme de Salzmann, Nick Putnam, Nona Pietkowsky und Payson Loomis. [2]

---

[1] Nachlass A. Paquet (II) F 1: G 32.9, – 20. Oktober 1931. Universitätsbibliothek Johann Christian Senckenberg, Frankfurt am Main.
[2] Quittung über sechs Fahrkarten erster Klasse auf der *S.S. Bremen*, ausgestellt auf Fräulein Louise Goepfert.

Louise March – ein Leben mit Sinn

Hotel Astor
TIMES SQUARE
New York

FRED. A. MUSCHENHEIM

January 12, 1932.

Miss Louise Goepfert

To   Hotel Astor Travel Bureau   Dr.

S/S BREMEN, sailing from New York to Cherbourg, January 15th, 1932; six first-class steamship tickets, as follows:

Name	Single Outside Cabin	Ocean Fare	U.S. Revenue Tax	French Port Tax	Total
Mr. G. Gurdjieff	#240*	$300	$5	$5	$310
Miss Louise Goepfert	#3	260	5	5	270
Madame Jeanne de Salzmann	#5	260	5	5	270
Madame Nona Pietkowsky	#7	260	5	5	270
Mr. Nik Putnamm	#9	260	5	5	270
Mr. Payson Loomis	#11	260	5	5	270
TOTAL					$1,660

Received Payment

[signatures]

Quittung für sechs Erste-Klasse-Fahrkarten von New York nach Cherbourg auf dem Dampfschiff S. S. Bremen, 15. Januar 1932

Kapitel 7 – Letzte Tage in der Prieuré

Trotz der Großzügigkeit vieler Menschen war Gurdjieff nicht in der Lage, genug Geld aufzubringen, um die Prieuré zu halten. Die Zeit nach unserer letzten Amerika-Reise war von Unsicherheit und Verwirrung geprägt. Im Folgenden sind die Einträge aus dem Tagebuch wiedergegeben, das ich während der letzten Tage in der Prieuré im Frühjahr 1932 führte.[1]

Samstag, 30. April:

Gurdjieff, der ungewöhnlich früh von den türkischen Bädern zurückkehrt, erscheint mit einem leeren Koffer im Mönchskorridor. Ich höre ihn mit lauter, befehlender Stimme sprechen. Als er fragt, wo Fräulein Wurst sei, öffne ich sofort meine Tür. Er sagt: „Müs, wo ist dein Beelzebub? Muss in den Kofferraum. Schnell, schnell. Alle Seiten müssen rein. Nichts darf bleiben." Dann macht er sich auf den Weg, um die Exemplare von Mme de Salzmann und Lili zu holen. Es ist, als drängten ihn die Teufel selbst. Ich spüre, dass etwas Schreckliches bevorsteht. Aus Angst, Gurdjieff könnte Beelzebub verbrennen – wie er es schon oft angedroht hatte –, verstecke ich die Kapitel „Krieg" und „Fegefeuer", an denen ich besonders intensiv gearbeitet habe, in meinem Kleidersack. Dann kommt mir der Gedanke, dass jemand mein Zimmer durchsuchen könnte. Ich bringe die kostbaren Kapitel in einen der sicheren Schränke im Flur.

Als ich Mme de Salzmann in der Halle begegne, sagt sie: „Beruhigen Sie sich." Ich bemühe mich und finde eine gewisse innere Sammlung.

Beim Abendessen beschäftigt mich der Gedanke, dass Gurdjieff vielleicht meine Gedanken liest. Was hat er vor? Was wird er tun?

Er erinnert Miss Gordon: „Morgen Abend Flusskrebs-Party. Wir brauchen zwei englische Nullen." (Gurdjieff bezeichnete Geld gelegentlich als „Nullen". Zwei englische Nullen bedeuteten mindestens hundert Pfund.)

---
[1] LGM-AWM

Sie lacht und nimmt es gelassen. Da wendet er sich an mich und macht mich – wie schon früher – zu seiner Vermittlerin. Er tut dies, als würde er davon ausgehen, dass ich seine Wege kenne. Dabei wirft er mir einen offenen und freundlichen Blick zu, fügt jedoch hinzu, dass dies der letzte Samstag sei – der letzte Armagnac.

Nach dem Abendessen kommt Miss Gordon in mein Zimmer. Sie ist überzeugt, dass die Prieuré in Gurdjieffs Schöpfungsgeschichte im Kapitel „Fegefeuer" beschrieben ist. Ihrer Meinung nach hat die Prieuré nun den tiefsten Punkt erreicht – und wir müssten etwas dagegen unternehmen. Ich widerspreche ihr selten, aber diesmal sage ich offen, dass dies längst hätte geschehen müssen – und dass jede wirkliche Veränderung nur mit und von Herrn Gurdjieff kommen kann.

Sonntag, 1. Mai

Die Küche ist offiziell geschlossen. Die allgemeine Stimmung ist, als lägen die Alpen auf unserer Brust. Alle blicken grimmig. Was wird geschehen? Ich ringe innerlich, suche nach Klarheit, und gegen Mittag fasse ich einen Entschluss: Wenn sich in den nächsten drei Tagen nichts ändert, werde ich abreisen.

Herr Gurdjieff sitzt – sowohl am Morgen als auch am Nachmittag – an dem kleinen runden Tisch auf der Terrasse mit Blick auf den Garten. Doch es steht kein schwarzer Kaffee neben ihm, wie es sonst stets der Fall war. Niemand nähert sich ihm.

Schließlich geht Miss Gordon zu ihm. Sie ist gerade von einer sechsmonatigen Reise zurückgekehrt und hat noch keinen Passierschein erhalten. Etwa eine Woche zuvor hatte Herr Gurdjieff einen Plan aufgestellt, dem zufolge niemand die Prieuré ohne eine von seinem Neffen Valia unterzeichnete Passierkarte betreten oder verlassen darf. Gurdjieff erzählt Miss Gordon von den enormen Ausgaben, die ihn belasten, und davon, wie viel jeder Einzelne ihn gekostet habe. Niemand, so sagt er, sei da gewesen, um ihm zu helfen. Immer wieder spricht er von Geld, von Nullen – und schließlich gibt er ihr einen Passierschein für eine Woche.

Dann befiehlt Gurdjieff Valia, allen Bewohnern einzeln mitzuteilen, dass die Prieuré in einer Woche geschlossen werde – das Paradou, das separate Wohnhaus, in zwei. Alles werde verriegelt und mit Brettern vernagelt.

Montag, 2. Mai

Einer redet mit den anderen, einer denkt allein, einer leidet.

Lili sagt, sie könne nicht verstehen, was hier vor sich gehe. Ihrer Ansicht nach sei es Gurdjieffs Pflicht, weiter mit seinen Schülern zu arbeiten. Fräulein Gordon scheint zu glauben, dass dies lediglich eines seiner rätselhaften Theaterstücke sei. Sie wartet gelassen und schläft gut. Metz hält alles für eine Manipulation, um Miss Gordon zum Geldgeben zu bewegen.

Am sichtbarsten leidet Sophie Iwanowna, Gurdjieffs Schwester, die für ihn genäht, geputzt und gewaschen hat. Einige, die Gurdjieff weniger nahe stehen, drohen ihm mit Klagen – sogar mit körperlicher Gewalt.

Schließlich erkenne ich: Dies ist das logische Ende der letzten Phase der Prieuré.

Gurdjieff macht das Ende – oder vielleicht nur eine Pause? Für kurz oder für immer? Ist das nicht sein gutes Recht? Hat er nicht viel gegeben, so viel? Habe ich genug empfangen?

Objektiv betrachtet erscheint es besser, wenn er mich fortschickt, als wenn ich selbst gehe.

Kann es wirklich sein, dass es keinen Austausch mehr zwischen ihm und mir geben wird? Das fühlt sich an wie ein Tod – doch nur von meiner Seite. Sind wir ihm nicht schon lange im Weg? Was werde ich tun? Noch einmal nach Asien reisen, auf der Suche nach einem Fünkchen Wahrheit?

Heiraten? Wäre das nicht zu schwierig ohne die Existenz der Prieuré – eines Ortes, an den ich von Zeit zu Zeit hätte zurückkehren können? Wie soll mein Leben weitergehen, ohne das Beste, das es hatte – so hart es auch war?

Aber ganz konkret: Was soll ich tun? Wenn ich gehen muss – wie werde ich gehen? Kann ich es annehmen, meinen Kopf neigen:

„Der Herr hat gegeben, der Herr hat genommen."

Ich werde zu Gurdjieff gehen und mich verabschieden. Dann wird sich zeigen, ob er wirklich will, dass wir alle gehen – oder ob er für jeden andere Pläne hat.

Dienstag, 3. Mai

Ich nehme den Zug nach Paris. Ich bin gesammelt, obwohl sich Magen und Nerven schlecht anfühlen.

Ich gehe direkt ins Café de la Paix. Es ist elf Uhr. Gurdjieff sitzt allein. Als er mich sieht, springt der elektrische Funke zwischen uns über. Er bittet mich, mich zu setzen. Nach ein paar vergeblichen Versuchen zu sprechen, höre ich meine zitternde Stimme sagen:

„Ich bin gekommen, um Lebewohl zu sagen." Was für eine Erleichterung! Ich habe es gesagt. Ich sitze ganz ruhig. Gurdjieff antwortet mit einem guten und sozusagen gerührten Blick: „Sie sind sehr freundlich."
„Ich – sehr freundlich?"

„Ja, du musst mich hassen, böse sein." Er ballt die Faust.

„Ich muss?" frage ich.

„Nicht müssen – aber so ist der Mensch. Ich will es nicht wissen, ich frage nicht. Ich weiß jetzt: In der Prieuré hassen mich einige. Sie machen den schlimmsten Mann aus mir. Ich tue dies, ich tue das. Sie wissen nicht, wie viel sie mich kosten – sogar ihre Scheiße. Um ihnen ihre Scheiße zu nehmen: 5000 Franken im Jahr. Oder – zum Beispiel: Lili – solche politische Situation! Ich zahle 200.000 Francs jedes Jahr, nur um Spione fernzuhalten. Das weiß sie natürlich nicht.

Du – Wahrheit – in der Arbeit fast volle Ehre, und du auch nur ein Mund zu füttern. Das ist schon besser: Arbeit und ein Mund. Andere – vier oder fünf Münder. Ja, natürlich, du weißt nicht, was ich für sie getan habe. Ihr wisst viele Dinge nicht."

In sehr ruhigem und ernstem Ton fährt er fort:

„Ich habe ihnen gegeben, was ich konnte. Ich bin nicht verpflichtet, immer für viele Münder zu bezahlen. Sie müssen sehen, was das Leben ist, wie schwer es ist, Brot zu verdienen. Ich arbeite Tag und Nacht für sie. Hier bin ich – ganz allein, immer allein. Dort in der Prieuré – all die anderen. Eine Hand wäscht die andere Hand. Ich – eine Hand – kann nicht weiter die andere Hand waschen, wenn die andere Hand nicht wäscht, nicht waschen will."

Nach einer Pause, in der er nicht spricht, bricht meine Stimme, voller Tränen:

„Ich danke Ihnen sehr."

Nach einiger Zeit sagt er:

„Vielleicht, sehr vielleicht, gehe ich heute zurück in die Prieuré. Kannst du mit dem Spätzug fahren, um sechs Uhr vierzig? Sei so nett. Komm um sechs Uhr ins Café; dann fahren wir vielleicht zusammen mit dem Auto nach Fontainebleau. Hängt von verschiedenen Dingen ab."

Ich esse mit meinem alten deutschen Freund, Dr. Picht, zu Mittag. Danach ruhe ich mich auf seinem Sofa aus. Äußerlich müde, aber Gesicht bewahren.

Innerlich müde bis zum Tod. Eine klare Erkenntnis: Für die eigenen „Freunde" reicht es eigentlich aus, nett zu sein und zuzuhören, während man alle inneren intensiven Erfahrungen für sich behält.

Nach der Pause bedanke ich mich bei Picht, der sagt:

„Ich wünschte, du hättest geschlafen."

„Aber ich habe mich ausgeruht und bin ausgeruht", antworte ich. Ich kehre um viertel vor sechs bei starkem Regen ins Café de la Paix zurück, aber Gurdjieff ist nicht da. Ich bestelle einen Portwein und warte. Um viertel vor sieben erscheint Gurdjieff mit einem Mann von einer Immobilienfirma, glaube ich. Gurdjieff sagt, er könne heute Abend nicht mehr in die Prieuré kommen. Er sagt mir:

„Geh bald, nimm den Zug." Als ich zurückschaue und durch die Tür des Cafés gehe, sehe ich, wie Gurdjieff mir zuwinkt. Ich bleibe einen

Moment stehen, weil ich nicht weiß, ob es ein reines Abschiedswinken ist oder bedeutet, dass ich zurückkommen soll. Als er meine Unsicherheit sieht, fordert er mich auf, weiterzugehen.

In der U-Bahn stehe ich gepresst zwischen vielen Menschen und spüre, wie mir die Tränen über die Wangen laufen. Bin ich noch einer von ihnen?

Im Zug zurück zur Prieuré werde ich ruhiger und erreiche sogar eine Klarheit des Geistes.

Mittwoch, 4. Mai

Ich beginne, Ordnung zu machen und zu packen. Gurdjieff ruft an und sagt, er werde heute Abend oder morgen früh kommen. Er fragt, ob schon jemand abgereist sei.

Donnerstag, 5. Mai

Am Morgen gehe ich zu den Nouvelles Galeries in Fontainebleau, um eine Seemannstasche zu kaufen. Dann komme ich zurück, um zu packen.

Gurdjieff kommt zwischen zwölf und zwei. Er ruft Fräulein Gordon zu sich, um ihr die Neuigkeiten mitzuteilen. Er gibt Mme de Salzmann einen Auftrag in Fontainebleau. Dann komme ich an die Reihe.

Er fragt:

„Wie geht's, Müs?"

„Ich bin fertig."

„Was heißt fertig?"

„Ich habe gepackt."

„Wann gehst du?"

„Heute Nachmittag."

„Wohin gehst du?"

„Deutschland."

„Hast du Geld?"

„Ja, ich habe mir etwas geliehen."

Gurdjieff sagt:

„Ich habe daran gedacht. Ich wollte es dir geben."

„Danke, aber das ist nicht nötig. Ich habe genug."

Er setzt sich hin, kommt näher und sagt:

„Weißt du, ich möchte auch nach Deutschland gehen. Vielleicht komme ich bald, und wenn du dann nicht ‚in Galoschen' bist, hilfst du mir wieder."

[„In Galoschen", einer von Gurdjieffs häufig verwendeten Ausdrücken, bedeutete, dass man in seiner Handlungsfreiheit in irgendeiner Weise eingeschränkt war, so wie das Tragen schwerer Galoschen die Bewegungsfreiheit beim Gehen einschränkt. Gurdjieff gab manchmal den Grad der Freiheitsbeschränkung an, indem er sagte, dass jemand „in Galoschen bis zum Bauchnabel" oder „bis zum Kinn" oder sogar „bis zu den Augenbrauen" steckte. Das Wort ‚Galoschen' wird im Russischen für Schuhwerk verwendet, aber auch für „ein Durcheinander, eine Verlegenheit oder eine unangenehme Situation". Im Jiddischen hat „Galoschen" nur die zweite Bedeutung.]

Ich antworte: „Gewiss." Er fährt fort: „Ich verspreche dir eines. Ich werde den Beelzebub so nicht anfassen, wie du ihn gemacht hast. Du wirst ihn wiederfinden, und wenn nichts Unvorhergesehenes passiert, wird keine Seite angerührt. Wieviel musst du noch vom ersten Buch überarbeiten?"

„Sechzig Seiten ‚Kunst'."

„Wie lange brauchst du, um es fertigzustellen?"

„Drei oder vier Tage mit Lili und Mme de Salzmann."

„Ich bitte dich." Dies ist das einzige Mal, dass er mit lauter Stimme spricht. *„Du, du zuerst, die anderen später."*

Ich wiederhole:

„Drei oder vier Tage vielleicht."

„Wie viel für die ‚Warnung'?"

Vorbereitungen für die Demonstration im Théâtre des Champs Elysées, Paris, 1922.

„Dafür brauche ich die neue englische Version."

„Wie lange mit Englisch?"

„Vielleicht zwei Wochen."

„Müs, ich frage dich, kannst du bis Montag bleiben? Beende ‚Kunst'. Bring den ganzen Beelzebub auf dein Zimmer. Ich komme Samstag. Ich möchte mit dir reden. Dann werden wir sehen. Kannst du bleiben, so wie es jetzt ist? Ohne Küche?"

Ich antworte:

„Ja."

„Na dann ist ja gut."

Ich kehre in mein Zimmer zurück, schiebe die Kisten beiseite und räume auf. Ich öffne Beelzebub und spüre, dass ich meine rechte Hand wieder habe.

Freitag, 6. Mai

Ich arbeite, wie immer, den ganzen Tag. Ich beende „Krieg" und schreibe all diese Notizen. Mein Kopf ist sehr klar. Was für ein wahres Buch ist Beelzebub.

Samstag, 7. Mai

Beim Abendessen ist Gurdjieff der perfekte Gastgeber, er hat einen sehr fröhlichen, leichten Ton. Dr. Stjoernval und Svetchnikoff bringen Trinksprüche auf die Idioten aus. Alles ist wie immer – äusserlich.

Es brennt ein Feuer im Salon, ich sitze auf meinen Füßen. Herr Gurdjieff fragt, ob ich auch so gesessen habe, bevor ich Gornahur Harharch kannte. Ich sage: „Ich muss Sie enttäuschen."

Er erwidert: „Warum enttäuschen? Ich frage nur für die Statistik."

[In Beelzebubs Erzählungen entspannt sich Gornahur Harharch, Beelzebubs weiser und gelehrter Freund vom Saturn, dessen äußere Form einem Raben ähnelt, indem er das ganze Gewicht seines Körpers auf seine unteren Gliedmaßen legt.]

Ich stelle fest, dass ich heute Russisch besser verstehe. Mein Kopf scheint sehr klar zu sein. „Die Lampe brennt hell, wenn Docht und Öl sauber sind."

Sonntag, 8. Mai

Insgesamt bin ich sehr dankbar für diese Woche.

Ich sage: „Diese Woche war eine Ewigkeit."

Lili sagt: „Nicht für mich. Für mich war sie nur ein Augenblick."

Montag, 9. Mai

Ich arbeite den ganzen Tag an „Kunst". Gurdjieff kommt am Abend zurück. Er ruft alle, die im Mönchskorridor wohnen, zu sich, um mit ihm zu

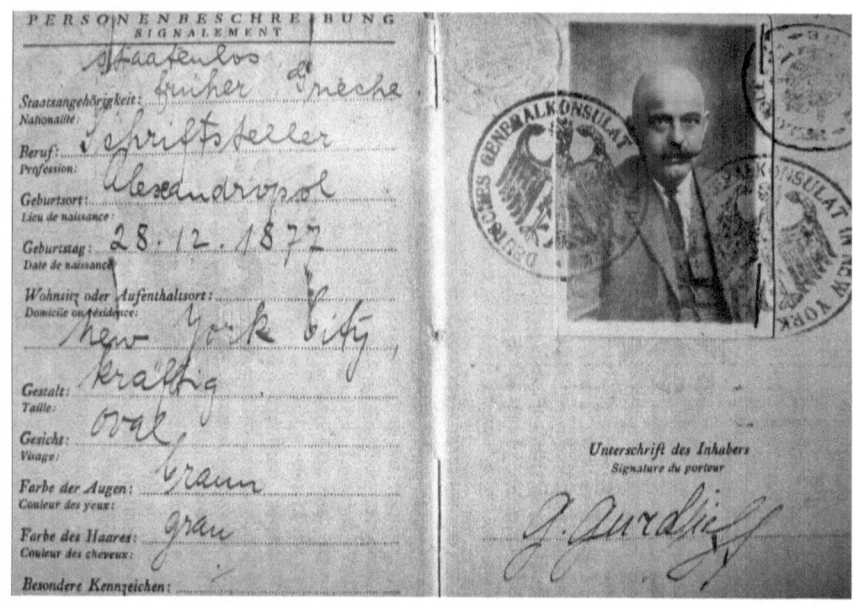

Gurdjieff in einem deutschen Reisedokument, New York (Deutsches Generalkonsulat in New York, ca. 1930er Jahre).

essen. Miss Gordon und Mme de Salzmann gehen, aber ich bin nicht gesund genug.

Was mich betrifft, so versuche ich zu verstehen, warum Gurdjieff in seinem Wesen für mich jenseits von Gut und Böse war – und immer noch ist.

Das bedeutet für mich, dass er gut ist und niemals von mir verurteilt werden darf, auch wenn es Anzeichen dafür gibt, dass er der schlimmste Mensch ist, dem ich je begegnet bin.

Wird denen, die überzeugt sind: „Wenn man ihm folgt und gehorcht, wird alles gut", auch bewusst, dass die entgegengesetzte Sichtweise – „Gerade durch sein Verhalten zeigt Gurdjieff, wie man es nicht machen sollte" – ebenso weitreichend ist?

Nach dem Abendessen gehe ich in den Salon, wo alle zusammenkommen. Gurdjieff spielt lange Musik auf seinem Harmonium.

Während ich dort sitze, weiß ich: Gurdjieff ist der Mensch, den ich unter allen Menschen am meisten verehre und liebe – und für den ich etwas tun möchte, selbst wenn ich nicht bei ihm bin. Ich frage ihn an passender Stelle:

„Kann ich etwas für Sie tun?" Er antwortet: „Jetzt nur noch Geld, Geld. Hunderttausend Franken brauche ich sofort."

Dienstag, 10. Mai

Gurdjieff kehrt nach Paris zurück und nimmt einen Teil der französischen Version von Beelzebub, soweit sie gut getippt ist, mit.

Mittwoch, 11. Mai

Fräulein Gordon fährt nach Paris, um Gurdjieff einen Scheck zu überbringen. Sie teilt ihm mit, dass Sophie Iwanowna abreisen wird.

Gurdjieff kehrt noch am selben Abend zurück – doch Sophie und Gyorgi sind bereits fort. Abgereist mit viel Gepäck, aufgeregt, traurig – gegen sieben Uhr am Abend. Die Kinder begleiteten sie zum Bahnhof.

Kapitel 8 – Nach der Prieuré

Nach der Schließung der Prieuré im Frühjahr 1932 verbrachte ich den Sommer mit meiner Freundin Peggy in Gstaad in der Schweiz. Im Dezember waren wir in Berlin – im nationalsozialistischen Deutschland der frühen dreißiger Jahre. Eines Abends hörte ich eine Rede von Goebbels, dem Propagandaminister Hitlers, in der er das, was ich für echte Kunst hielt, verurteilte und das Nicht-Künstlerische verherrlichte. Seine Äußerungen erschütterten mich tief.

Mitten in diesem Wahnsinn entdeckte ich auf der anderen Seite des Raumes einen großen Mann, den ich 1929 in New York kennengelernt hatte – ein Architekt, glaubte ich, aber sein Name fiel mir nicht ein. So kam es, dass ich meine Bekanntschaft mit Walter March erneuerte.

Walter war gerade aus den Vereinigten Staaten zurückgekehrt, wo er bei Frank Lloyd Wright hätte studieren wollen. Leider war Taliesin, Wrights Architekturschule, abgebrannt, und Walter war daraufhin nach Deutschland zurückgekehrt.

Die Familie March war in der Berliner Gesellschaft angesehen. Zwei Straßen in Berlin – die Sophienstraße und die Marchstraße – trugen ihren Namen. Walters Vater war weithin bekannt als „Architekt des Kaisers". Zur damaligen Zeit half Walter seinem Bruder Werner, ebenfalls Architekt, beim Entwurf des Stadions für die Olympischen Spiele von 1936.

Als ich Walter besser kennenlernte, begegnete ich einem feinfühligen und kultivierten Mann in einem Beruf, den ich für ideal hielt. Ich hielt ihn für die beste Möglichkeit, mein Leben mit jemandem zu teilen. Und Walter, der sich etwas entwurzelt fühlte, war bereit für ein eigenes Nest. Am 10. November 1933 heirateten Walter und ich und bezogen eine gemeinsame Wohnung in Berlin.

Erst in der Ehe, und in meinen Dreißigern, erwachte in mir der Wunsch nach Kindern. Es war nicht nur ein biologischer Impuls, wie bei den meisten Menschen. Ich war überzeugt, dass es notwendig sei, von Geburt an einen Menschen heranzubilden, der sich vom gewöhnlichen unbewussten Menschen unterscheidet. Ich wollte Kinder haben, um sie als Keimzellen für eine Seele zu erziehen.

Nachdem die Prieuré 1933 verkauft worden war, kam Gurdjieff uns in Berlin besuchen. Ich holte ihn am Bahnhof Charlottenburg ab. Als ich ihn vor die Wahl stellte, bei uns zu wohnen oder in einem Hotel, sagte er, er ziehe ein Hotel vor – er dachte, unsere Wohnung hätte nicht genug Platz für all die Menschen, die ihn sehen wollten. Während seines Aufenthalts in Berlin sahen Walter und ich ihn fast täglich.

Als Gurdjieff bereit war, nach New York zu reisen, kauften Walter und ich ihm das Schiffsticket. Nachdem er 1935 von dieser Reise zurückgekehrt war, kursierten unter seinen Schülern Gerüchte über Unregelmäßigkeiten mit seinem Reisepass. Einer Erzählung zufolge warf er seinen Nansen-Pass in den Hudson River. Alles, was ich sicher weiß, ist, dass er mit einem deutschen Pass nach Deutschland zurückkehrte – einen Pass, den er zuvor nicht besessen hatte.

Gurdjieff besuchte Walter und mich in unserem neuen Heim in Berlin-Dahlem, das Walter selbst entworfen hatte. Er brachte einen Brief mit, den er an meinen Sohn geschrieben hatte, der im Dezember des Vorjahres geboren worden war. Die kurze Notiz an „meinen lieben, gottgegebenen Sohn" hatte Gurdjieff ins Deutsche übertragen lassen. Darin hieß es auszugsweise:

„Ich möchte dir ein kleines Geschenk machen. Hier sind eine Wassermelone aus Südamerika und einige Bonbons aus Nordamerika. Ich würde dir gerne etwas Wertvolleres geben, aber ich kenne dich noch nicht. Bis ich das tue, schicke ich dir einen kleinen amerikanischen Scheck. Mit diesem kleinen Betrag kannst du dir ein paar Spielsachen kaufen oder was auch immer dir gefällt. Sobald ich dich persönlich kenne, werde ich dir sicherlich ein viel wertvolleres Geschenk machen." [1]

Auch Elizabeth Gordon kam uns in Berlin besuchen. Später schloss sie sich Gurdjieff an, der sich 1936 in Paris niederließ und dort während der Kriegsjahre lebte.

---

[1] LGM-AWM

Es waren schwierige Jahre in Deutschland. Ich konnte den Krieg in der Luft riechen. Ich fühlte mich unwohl in einem Land, in dem sich die Menschen mit „Heil Hitler" begrüßten statt mit „Guten Morgen" oder „Grüß Gott". Es schmerzte mich zu erkennen, dass der angeborene Drang jedes Menschen nach einem Lehrer oder Führer hier in eine völlig falsche Richtung wirkte. Selbst jene, die sich nicht von den allgemeinen Tendenzen hatten mitreißen lassen, tappten im Dunkeln und konnten der allgemeinen Massenpsychose nur passiv standhalten.

Walter und ich lebten persönlich in einer riskanten Lage. Obwohl Walter Berliner war, hatte er auch die amerikanische Staatsbürgerschaft. Wir beabsichtigten, unmittelbar nach den Olympischen Spielen im neuen Stadion in die Vereinigten Staaten auszuwandern. Als unsere Post abgefangen wurde, entdeckten die Behörden, dass ich ein Schweizer Bankkonto hatte. Ein Freund hatte es für mich eröffnet, damit ich im Fall der Flucht nicht mittellos dastand. Ich wurde verhaftet und später wieder freigelassen.

Als uns gute Plätze für die Olympischen Spiele angeboten wurden, sagte ich: „Achte darauf, dass sie nicht auf Hitlers Seite liegen – sonst werden wir vielleicht bombardiert." Kurz darauf reisten wir in die Vereinigten Staaten aus.

Als Walter und ich 1936 in den Vereinigten Staaten ankamen, mieteten wir ein Haus in West Nyack, New York. Bald darauf schrieb ich nach Frankfurt, um meine Schwester Maria und ihre Familie zu überreden, ebenfalls nach Amerika zu kommen. Ich hoffte, dass sie Europa noch vor dem Krieg verlassen würden, aber sie entschieden sich, in Deutschland zu bleiben. Als Peggy – inzwischen verheiratet und Mutter einer kleinen Tochter – nach Amerika kam, um auf die Rückkehr ihres Mannes aus Europa zu warten, überredete ich den Besitzer des Nachbarhauses, es ihr zu vermieten. Sie brachte einige der Möbel mit, die Walter und ich in Deutschland zurückgelassen hatten.

Sobald wir uns eingelebt hatten, begannen Walter und ich ernsthaft nach einem Landgut zu suchen, auf dem wir einen kreativen Haushalt führen konnten – mit dem Ziel, unsere Kinder unter Bedingungen großzuziehen, die sich von jenen „abnorm etablierten Daseinsbedingungen" unterschieden, wie sie in *Beelzebubs Erzählungen* beschrieben sind.

Im Februar 1937 erhielt ich einen Brief von Elizabeth Gordon aus Paris mit Neuigkeiten über Lili Chaverdian, Jane Heap und sie selbst. Über Gurdjieff und Mme de Salzmann schrieb sie:

„Herr Gurdjieff ist natürlich in Paris, sonst gäbe es keinen Grund für meine Anwesenheit hier. Er war gerade mit mir und einer Gruppe Amerikaner, die nun sein Gefolge bilden, in Cannes. Wir waren eine Woche unterwegs und hatten eine wunderbare Zeit – viel Sonne, Bergluft und Autofahrten. Das Letztere ist nicht mehr ganz so haarsträubend wie früher. Da Sie selbst an hektisches Fahren gewöhnt sind, hat es Ihnen wahrscheinlich nie etwas ausgemacht.

Frau de Salzmann [die nach dem Tod ihres Mannes 1933 nach Genf gegangen war] *ist nun mit den Kindern in Paris. Sie hat sich ein Haus in Sèvres genommen, und mehrere ihrer Schüler wohnen ebenfalls dort. In Paris hat sie ein Atelier, in dem sie Unterricht gibt. Es ist schade, wieder ganz von vorne anfangen zu müssen, denn es ist immer harte Arbeit, etwas aufzubauen. Aber Genf, obwohl sie dort bis zu einem gewissen Punkt sehr erfolgreich war, bot letztlich nicht genug Perspektive – also entschied sie sich, nach Paris zu kommen.*

Ich habe vergessen, Sie etwas sehr Wichtiges zu fragen: Die deutsche Fassung des Beelzebub ist vollständig – mit Ausnahme des ersten Kapitels. Wissen Sie etwas darüber oder besitzen Sie eine Kopie? Wir haben vor einiger Zeit das Material aller Bücher durchgesehen und festgestellt, dass es fehlt. Herr Gurdjieff macht sich deshalb große Sorgen…" [1]

1939 unternahm Gurdjieff seine letzte Reise nach Amerika vor dem Zweiten Weltkrieg. Ich nahm meinen fünfjährigen Sohn und meine zweijährige Tochter mit ins Hotel Wellington in New York City, um ihn zu sehen. Auch zu uns nach West Nyack kam er zu Besuch.

Meine kleine Tochter war Fremden gegenüber etwas misstrauisch, doch Gurdjieff war so charmant und sanft zu ihr, dass sie sich sogar

---
[1] Brief von Elizabeth Gordon an Louise March, datiert vom 14. Februar 1937.

von ihm aus dem Auto heben ließ.

Nicht lange nach Gurdjieffs Rückkehr nach Frankreich fanden Walter und ich schließlich das Grundstück, nach dem wir gesucht hatten – eine dreihundert Hektar große Milchfarm in Bloomingburg, New York, unweit der Grenze zu New Jersey. Das wunderschöne Gelände mit sanften Hügeln, Wäldern voller Rehe und weitläufigen Feldern grenzte an den Fluss Shawangunk. (Shawangunk wird Schawengank ausgesprochen:)

Unterhalb des großen Farmhauses befand sich ein Teich mit Wasserfall. Wir stellten uns vor, bei schönem Wetter unsere Mahlzeiten dort einzunehmen – unter den ausladenden Ästen eines nahegelegenen Baumes.

Bevor wir auf die „Spring Farm", wie wir das Anwesen in Bloomingburg nannten, umzogen, gestaltete Walter das Bauernhaus innen wie außen umfassend um. Es war ein gewaltiger Umbau, zu dem unter anderem eine große, komplett aus Holz gefertigte Küche gehörte, die sich zu einer gemauerten Terrasse mit Blick auf den Teich öffnete. Das geräumige Haus mit seinen großen Veranden und dem ansprechenden, mehrstöckigen Dach bewahrte die Integrität des Alten und verband sie gleichzeitig mit der Schönheit des Neuen.

Walter verschönerte den praktischen architektonischen Entwurf mit einer Reihe fantasievoller Details. Der obere Teil des Fensters im Westflügel war so gestaltet, dass er wie Engelsflügel aussah. Die geschwungene weiße Stuckdecke in der Bibliothek erinnerte an das Innere einer orientalischen Moschee. Bestickte Textilien schmückten die Wände des Speisezimmers.

Im Herbst 1939 waren Walter, ich und unsere beiden Kinder George und Sophia auf die wunderschön renovierte Spring Farm eingezogen. Damit war mein Übergang zum vollen Familienleben abgeschlossen, der mit meiner Heirat begonnen hatte. Hier, in dem komfortablen dreistöckigen Haus, umgeben von Sträuchern, Rosen und Tigerlilien, wurden meine drei weiteren Kinder Prita, John und Sylvia geboren.

Im Laufe der Jahre entwickelte sich auf der Spring Farm eine Lebensweise, die von gesundem Menschenverstand und praktischer Nützlichkeit geprägt war. Die Farm wurde zu einer Art Arche Noah.

Unser Alltag entsprach dem Ziel, unseren Kindern ein Umfeld zu schaffen, in dem sie naturnah leben und sich einfach und selbstverständlich an der Arbeit auf dem Hof beteiligen konnten.

Ich habe noch zahlreiche Fotos aus den Kriegsjahren auf der Spring Farm. Die Kinder, barfuß oder mit Sandalen oder geschnürten Lederschuhen bis über die Knöchel, sitzen auf kindgerechten Stühlen oder spielen mit Karren, Wagen und Dreirädern. Sie graben Kartoffeln aus oder fahren einen Traktor. Manchmal sind sie mit ihren Reitpferden zu sehen, beim Picknick oder beim Blaubeerpflücken. Oft sieht man einen oder mehrere Hunde im Hintergrund.

Wir feierten auch unsere Feste und Feiertage. Die Familie unternahm viele Ausflüge in die nahegelegenen Shawangunk Mountains. Einmal im Jahr fuhren wir nach Long Island, damit die Kinder eine Zeit lang am Meer leben konnten. Jeden August, zum gemeinsamen Geburtstag von Walter und mir, schmückten wir die Veranden mit Laternen. Als die neue Scheune fertiggestellt war – im europäischen Stil mit einem Maisbalkon, von Walter entworfen –, feierten wir ein großes Fest mit viel außergewöhnlichem Essen und einem armenischen Chor.

Die sieben Jahre, die wir Vollzeit auf der Spring Farm lebten, waren meine arbeitsreichsten. Ich war allein für den Gemüsegarten und das Kochen verantwortlich. Mit fünf Kindern war ich ständig auf Abruf.

Als sie älter wurden, brachte ich ihnen zu Hause die grundlegenden Lese- und Schreibfähigkeiten bei, bevor ich sie in die öffentliche Schule schickte. Als unsere angestellten Helfer in die Armee eingezogen wurden, musste ich auch in der Molkerei mitarbeiten. Zum Glück befand ich mich auf dem Höhepunkt meiner körperlichen Leistungsfähigkeit. In diesen Jahren auf der Spring Farm trug mich eine innere Stabilität, die ich aus meiner Zeit mit Gurdjieff gewonnen hatte. Als die Kinder für jedes Familienmitglied einen Kosenamen erfanden, nannten sie mich

„Stille Dame", weil ich jeden Morgen in der Nische auf der Veranda im zweiten Stock in Stille saß.

Als ich versuchte, das, was ich von Gurdjieff gelernt hatte, in unserer Familie anzuwenden, kam ich zu der Überzeugung, dass die richtige Erziehung von Kindern eine der schwierigsten Aufgaben des Lebens ist. Auf der Spring Farm kämpfte ich darum, das zu leben, was ich als grundlegendes Prinzip verstand: die Individualität jedes Lebens zu respektieren, ohne dem Kind meine Erwartungen aufzuzwingen.

Ich fragte mich: Wie kann ich Gehorsam lehren, ohne zu viele Regeln zu machen? Wie Aktivitäten anbieten, die den Einfallsreichtum herausfordern? Wie vor den vielen automatischen und abstumpfenden Eindrücken der modernen Welt schützen? Wie jedem Kind helfen, sein eigenes Interesse zu entdecken? Wie Ehrlichkeit fördern? Die Liste der Fragen war endlos. Ich lernte, dass es nicht leicht ist, selbst die eigenen Kinder richtig zu lieben. Ich akzeptierte, dass es zum Muttersein gehört, ein schlechtes Gewissen zu haben.

Gurdjieff sagte oft: „Für uns gibt es kein ‚unmöglich'." Wenn ich eine Frage hatte, auf die ich keine Antwort fand, oder eine Schwierigkeit, die ich nicht akzeptieren oder überwinden konnte, brachte mir die Lektüre von *Beelzebubs Erzählungen* die nötige Hilfe.

Auf der Spring Farm lebten wir nicht so isoliert wie viele moderne Familien. Wir hatten oft Besuch von Menschen, die mit Gurdjieff verbunden waren. Peggy Flinsch und ihre Kinder lebten zwei oder drei Jahre bei uns. Die Familie C. S. Nott mit ihren beiden Söhnen verbrachte mehrere Sommer auf der Farm. Willem und Ilonka Nyland, Joseph und Carla Binder (die 1936 aus Österreich in die USA übergesiedelt waren) und Fred Leighton kamen für kürzere Aufenthalte. Eine Reihe von Menschen – darunter meine Freundin Gela – nahm an meinen Lesungen aus den *Erzählungen* teil, die ich sonntagmorgens abhielt.

Nach dem Krieg verbrachten wir auf der Suche nach geeigneter Erziehung den langen Winter in New Mexico, wo sich die Familien March, Flinsch und Naumer zu einer Schulkooperative für unsere Kinder zusammenschlossen. Wir kombinierten praktisches Lernen, wie Kochen, mit den üblichen Schulfächern. Außerdem erkundeten wir die Feste und Traditionen der Ureinwohner des Südwestens.

Als unsere Familie an die Ostküste zurückkehrte, richteten wir einen zweiten Wohnsitz in New York City ein. Walter hoffte, dort seine während der Kriegsjahre ruhende Architektenlaufbahn wiederaufzunehmen. Sobald es mir möglich war, holte ich meine verwitwete Mutter aus Deutschland in die Vereinigten Staaten. Unsere Wochenenden verbrachten wir weiterhin auf der Spring Farm, wo inzwischen ein Pächter lebte, der das Anwesen später von uns kaufte.

Kapitel 9 – Gurdjieffs letzter Besuch in New York

Während des Zweiten Weltkriegs lebten und arbeiteten Gurdjieff und einige seiner Schüler in Paris. Nach dem Ende des Krieges kam der Kontakt mit ihm von unserer Seite des Atlantiks wieder zustande. Als P. D. Ouspensky 1947 starb, sandte seine Frau einige seiner engsten Mitarbeiter zu Gurdjieff nach Paris.

Im Dezember 1948 kehrte Gurdjieff nach Amerika zurück. Kurz nach seiner Ankunft besuchte er Mme Ouspensky, die inzwischen bettlägerig war, auf Franklin Farms – einem Anwesen in Mendham, New Jersey, das die Ouspenskys 1942 für ihre Arbeit erworben hatten. Gurdjieff wollte die „Ouspensky-Leute", die im Umfeld von Mme Ouspensky lebten, mit dem Dutzend „Gurdjieff-Leuten" in Kontakt bringen, von denen die meisten aus den ursprünglichen Orage-Gruppen stammten. Viele der Ouspensky-Schüler hatten Gurdjieff bereits früher besucht – in den zwanziger Jahren in der Prieuré oder später in Paris. In den Wintermonaten 1948/49 kamen Lord und Lady Pentland, Christopher Fremantle, Aubrey Wolton und Tom Forman regelmäßig in Gurdjieffs Suite im Hotel Wellington in New York.

Alfred Etievant war eine Woche vor Gurdjieff eingetroffen, um uns einige der Movements beizubringen. Wir übten täglich, manchmal sogar zweimal. Ich verstand nun, dass man die Movements erst zu begreifen beginnt, wenn man sie selbst ausführt.

Eines Abends verließ ich das Studio in der Carnegie Hall, wo wir geprobt hatten, und begegnete Gurdjieff auf dem Flur. Er fragte: „Wohin gehen? Was tun?", genauso wie vor zwanzig Jahren, als wir uns zum ersten Mal an eben diesem Ort begegnet waren. Ich erstarrte. Er sagte: „Du staunen mein Gedächtnis?" Gurdjieff hatte – oder war – *das* Gedächtnis dieser Erde. Einmal nannte er sich ihren „Schutzpatron", doch es war auch das Gedächtnis eines sehr persönlichen Charakters.

Alfred war nun der Küchenjunge in Gurdjieffs Hotelsuite. Er schnitt das Gemüse, bereitete Salate, Reis, Bulgur und Kartoffeln zu.

Alfred arbeitete und schwitzte, fand kaum Zeit zum Schlafen. Für Gurdjieff war er ein stets bereiter Helfer, der allen Anforderungen gerecht wurde.

Die Mahlzeiten an Gurdjieffs Tisch in New York waren ebenso feierlich wie früher. Das Ritual der Trinksprüche auf die Idioten begleitete jede Mahlzeit. Die einzige Tischdekoration war ein Glas mit Estragon, Dill und Frühlingszwiebeln. Die Kräuter wurden zusammen mit geräuchertem Fisch mit den Fingern gegessen, wenn der Armagnac eingeschenkt wurde. Blumen am Tisch verbot Gurdjieff strikt. „Unsinn von Blumen – Essen verderben."

Gurdjieff ging wie bei früheren Besuchen selbst auf die Märkte, um frisches Fleisch und Gemüse einzukaufen. Melonen wurden weiterhin zu jeder Jahreszeit serviert. Bei diesem letzten Besuch begann jede Mahlzeit mit Avocadohälften, bestreut mit Salz und Pfeffer, manchmal auch beträufelt mit Olivenöl. Wenn keine Avocados auf den Märkten zu finden waren, ließen Freunde sie aus Südamerika schicken.

Meine Aufgabe war es, das Mittagsgericht – meist Brathähnchen oder ungarisches Gulasch – von unserem Haus in der West 88th Street zu Gurdjieffs Hotel zu bringen.

Manchmal sagten Gäste am Tisch: „Es tut mir leid, ich habe bereits gegessen." Gurdjieff entgegnete dann: „Macht nichts. Komm, setzen, essen weiter. Magen aus Gummi."

Nach jedem Mittagessen wurde ein Kapitel aus einem Entwurf von Ouspenskys *Auf der Suche nach dem Wunderbaren* vorgelesen. Mme Ouspensky hatte es Gurdjieff mit der Frage geschickt: „Soll es veröffentlicht werden?" Gurdjieff lobte es oft: „Sehr genau. Gutes Gedächtnis. Wahrheit, war so." Doch gelegentlich war er unzufrieden: „Ist zu flüssig. Hat etwas verloren."

Auch beim Abendessen wiederholte sich das Ritual. Eine Engländerin aus Mendham, die in New York ein Restaurant betrieb, lieferte die Speisen. Neue Gäste durften am Abendessen teilnehmen. Mme de Salzmann entschied, wer an Gurdjieffs Tisch sitzen durfte.

Gurdjieff war stets sehr aufmerksam gegenüber seinen Gästen. Er erkannte ihren Typus daran, wie sie auf die Trinksprüche reagierten und welchen Idioten sie für sich wählten. Welcher Idiot war es diesmal? Der Runde Idiot? Der Zickzack-Idiot? Der Zweifelnde? Der Erleuchtete? Der sich windende Idiot? Der Super-Idiot? Gurdjieff selbst war immer der letzte Idiot: der Einzigartige Idiot.

Jeder Trinkspruch wurde mit einer Beschreibung des jeweiligen Idioten verbunden. Besonders eindrücklich war der vierte: „Auf die Gesundheit aller hoffnungslosen Idioten." Die Erklärung dazu musste von jemandem kommen, der am Pariser Tisch geschult worden war: „Es gibt objektiv hoffnungslose Idioten und subjektiv hoffnungslose Idioten. Die ersten werden wie dreckige Hunde sterben – auf sie können wir nicht trinken. Die zweiten können lernen, an sich selbst zu arbeiten, und vielleicht schließlich eine Seele aufgeben."

Damals in der Prieuré musste ich oft den Idioten nehmen, der sonst nicht vertreten war. In späteren Jahren wurde ich meist als einer der „Runden Idioten, die nie aufhören, sondern Tag und Nacht weitergehen" gefeiert. Andere waren etwa „Quadratische Idioten, die anhalten, zu sich kommen, wenigstens zu ihren vier Ecken." Ich erinnere mich an viele von Gurdjieffs Schülern und Freunden durch die Kategorie der Idioten, der sie zugehörten. Lange interessierte mich, ob ich Menschen mochte oder nicht mochte, die zur gleichen Kategorie gehörten wie ich.

J. G. Bennett, der Gurdjieff schon früh begegnet war und kurze Zeit in der Prieuré verbracht hatte, war über viele Jahre getrennt von ihm gewesen. Nun kehrte er in den letzten Jahren von Gurdjieffs Leben an dessen Tisch zurück und nannte sich dessen ältesten Schüler. Als er in die gleiche Kategorie wie ich – die der Runden Idioten – eingeordnet wurde, war mir das nicht recht.

Gurdjieff verlieh dieser „Idioten"-Lehre unendlich viele Nuancen. Ich hatte geglaubt, mitfühlende Idioten seien durchweg positiv – aber nun unterschied er zwischen verschiedenen Typen. Einer sei nur dann mitfühlend, wenn er wusste, dass die Familie seiner Verlobten ihn beobachtete – nur dann gab er großzügig dem Bettler etwas.

In den letzten Jahren, als die Liste der Idioten von einundzwanzig auf achtzehn geschrumpft war, betonte Gurdjieff, dass man sich durch bloßes „Existieren" automatisch hocharbeite – während wahre Arbeit an sich selbst ein Absteigen bedeute. Dieses „Hinabgehen" war eine neue Ergänzung zu seiner sich ständig entwickelnden, vertiefenden Wissenschaft der Idioten. Ich hörte ihn nur eine einzige Person als „aus der Idiotie herausgehend" bezeichnen – Mme de Salzmann.

Ich wage zu sagen: Die große Wissenschaft der Idioten starb mit Gurdjieff.

Im Lauf der Jahre wuchs das Verständnis, dass alles, was an Gurdjieffs Tisch geschah oder gesagt wurde, für alle galt. Die Fehler, die Blindheiten und Verweigerungen jedes Einzelnen waren die aller Anwesenden. Dieses Verständnis dehnte und reinigte jeden der Zuhörer.

Besucher aus Amerika berichteten Gurdjieff oft von den Leiden und Sorgen anderer Menschen. Dann veränderte er die Perspektive mit einer leichten Handbewegung: „So und so hatte Operation, so und so große Sorgen. Aber er hat immer noch – seinen Körper."

Einmal sprach er sich gegen die Scheidung eines seiner Schüler aus. „Besser eine unglückliche Ehe als keine Ehe." Im Lauf der Jahre kam ich selbst zu der Überzeugung, dass Ehe für manche eine harte, bittere Schule ist – aber ich habe gesehen, wie Arbeit eine unglückliche Ehe in eine nützliche, manchmal sogar in eine glückliche verwandeln kann. Man muss sehen, was in einem selbst vorgeht. Ehre, was der andere hat.

Er erzählte die Geschichte von einer Frau in einem östlichen Land, deren Mann nachts unruhig im Bett lag. Als sie fragte, warum, antwortete er: „Ich habe kein Geld für die Miete morgen." Da öffnete sie das Fenster, rief dem Vermieter zu: „Mein Mann kann morgen die Miete nicht zahlen. Jetzt machen Sie sich Sorgen – und er kann schlafen."

Gurdjieffs Lieblingsgeschichte handelte von drei Engländern, die einen Berg in der Schweiz bestiegen. Sie schnaufen hart, aber sehen nichts auf ihrem Weg. Der erste sagte oben angekommen: „Ich glaube, es wird regnen." Eine halbe Stunde später kam der zweite: „Ich glaube, es wird nicht regnen." Noch eine halbe Stunde später kam der dritte: „Ich mag dieses ganze Gerede nicht."

Diese Geschichte wurde so sicher und klar erzählt wie französischer Armagnac – und brachte jedes Mal Gelächter. Gurdjieffs pantomimische Darstellung verlieh ihr täglich neue Nuancen. Einmal sagte er: „Im Baedeker lesen Engländer: ‚Musted be seen such mountain' – also machen sie sich auf den Weg."

Er erzählte auch von dem Schotten, der mit dem Zug reiste. An jeder Station sprang er aus dem Zug und kehrte erst zurück, als der Zug bereits begann, aus dem Bahnhof zu fahren. Schließlich fragten ihn seine Reisegefährten diskret: „Was ist mit dir los? Hast du ein Blasenproblem?" „Nein", antwortete der Schotte. „Ich kaufe meine Fahrkarte von Bahnhof zu Bahnhof."

Oder vom irischen Großvater, der mit seinem Enkel barfuß durch einen Fluss ging. Der Enkel rief: „Deine Füße sind ganz schwarz!" Der Großvater: „Ich lebe doch auch viel länger als du!"

Die Engländer dumm, die Schotten geizig, die Iren schmutzig – aber die tiefere Bedeutung dieser Geschichten betraf die drei Zentren des Menschen. Der gewöhnliche Mensch bildet seinen Verstand nicht aus, ist in seinen Gefühlen schüchtern und geizig, sogar gegenüber seinen Nächsten, und vernachlässigt seinen Körper.

Doch die tiefere Bedeutung betraf die drei Zentren des Menschen: Geist, Gefühl, Körper – alle ungeschult, gehemmt, vernachlässigt.

Für die Kinder war Gurdjieffs letzter Besuch in New York voller Eindrücke. „Er sieht anders aus und ist anders als alle Menschen", sagte eines. Die Eintragungen meines Tagebuchs aus dieser Zeit folgen. [1]

Freitag, 17. Dezember 1948

Gurdjieff trifft in New York ein. Am Nachmittag bringe ich alle fünf Kinder ins Hotel Wellington. Walter ist bereits dort. Wir warten schweigend im Wohnzimmer.

---
[1] LGM-AWM

Die Tür zum Schlafzimmer öffnet sich. Gurdjieff tritt heraus – schwer, kraftvoll, imposant – und lässt den Blick über uns gleiten. Ohne Zögern tritt er direkt in unsere Mitte. Die Kinder bleiben ruhig, beobachten ihn mit gespannter Aufmerksamkeit. Ich zittere innerlich. Es ist, als hätte ich mein ganzes Leben auf diesen Moment gewartet.

Er, der meine beiden älteren Kinder zuletzt 1939 gesehen hat und die drei jüngeren noch nie, möchte von jedem den Namen und das Alter wissen. Dann fragt er: „Wer erinnert sich an mich?" Mein ältester Sohn nickt. Gurdjieff wendet sich meiner Tochter zu: „Bist du nicht ein bisschen

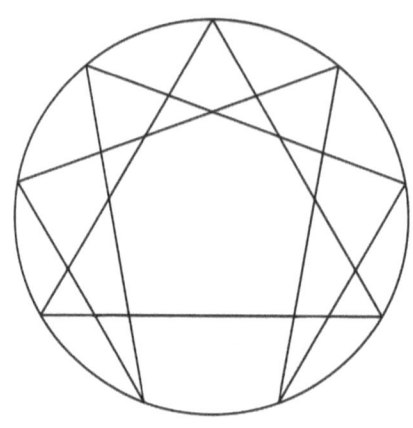

Enneagramm: [nach Gurdjieff drückt das Symbol des Enneagramms das Gesetz der Sieben und das Gesetz der Drei aus und offenbart die Schritte und Wechselwirkungen in jedem Prozess.

Er sagte, dass das Enneagramm von denen, die seine Geheimnisse kennen, benutzt werden sollte, um verschiedene Prozesse in der physischen, psychologischen und spirituellen Welt darzustellen.]

klein?" Sie, die erst zwei Jahre alt war, als sie ihn zuletzt sah, schüttelt den Kopf. „Es wäre besser, du würdest dich erinnern", sagt er sanft.

Er zieht aus seiner Tasche Bonbons – stets zur Hand – und gibt jedem Kind eines, dem ältesten zwei. Die Kinder sind tief beeindruckt von den Trinksprüchen auf die Idioten, besonders von jenem auf den „hoffnungslosen Idioten", „der wie ein Hund stirbt".

Später fragen sie: „Wie stirbt ein Hund? Wie stirbt ein Mensch?" Gurdjieff fordert jedes Kind auf, sich seinen eigenen Idioten zu wählen.

Sonntag, 19. Dezember

Als wir zum Sonntagsmittagessen eintreffen, steht die Tür zu Gurdjieffs Schlafzimmer einen Spalt offen. Ich höre die Stimme von Dr.

Welch, laut und klar. Gurdjieffs Stimme dagegen ist schwach, kaum hörbar. Das Gespräch dreht sich um die Mensch-Maschine. Dr. Welch wiederholt, was Gurdjieff ihm offenbar zuflüstert: „Alles muss von Neuem gelernt werden." – „Das kann man nicht an einem Tag tun." – „Zuerst muss man verlernen."

Meine achtjährige Tochter flüstert mir zu: „Lehrt der Doktor Herrn Gurdjieff?" Ihr älterer Bruder, der es besser weiß, schüttelt den Kopf: „Natürlich nicht. Herr Gurdjieff unterrichtet den Doktor."

Beim Mittagessen wendet sich Gurdjieff an sie: „Vielleicht willst du Ärztin werden?" Sie, die oft davon gesprochen hat, schüttelt energisch ihre dünnen französischen Zöpfe. Er fragt erneut: „Willst du Ärztin werden? Oder Wurstmacherin?" Sie antwortet – mit mehr Mut als zuvor: „Ja, Wurstmacherin.",,Wahrheit", sagt Gurdjieff, „viel verständlicher für ein Kind. Also fang jetzt an. Beobachte, koste viele Würste. Pferdewurst. Hühnerwurst. Kamelwurst. Alle Arten. Finde heraus, was hineinkommt, woraus sie gemacht wird. Beginne mit der ‚Wurst' aus Frankfurt. Wenn du die Wurstkunde lernst, wirst du vieles verstehen – auch, warum die Deutschen später ein Buch schreiben werden, in dem erklärt wird, warum und wieso ‚Wurst' Gurdjieffs Helferin und Übersetzerin wurde. Wahrheit: dieses Buch wird geschrieben werden."

Dann wendet er sich mir zu: „Wurst, ich kenne deine Zukunft. Eine gute Zukunft. Du weißt es nur noch nicht. Warte, bis mein Buch erscheint. Dann wirst du sehen. Die Welt hat jetzt zwei Möglichkeiten: Entweder ein nächster Krieg, bei dem die Hälfte der Menschheit vernichtet wird – oder die Veröffentlichung meines Buches. Dann wird Russland über Amerika lesen und deren Schwäche erkennen. Amerika über Russland – und ebenso. So wird anstelle von Hass Mitgefühl entstehen. Mitgefühl für jeden Einzelnen. Und daraus wird der Wunsch erwachsen, einander zu helfen."

Ein paar Tage später fragte Herr Gurdjieff eine meiner Töchter: „Wie nennst du mich?"

Sie antwortete: „Herr Gurdjieff."

Er nahm ihr Gesicht in seine Hände und fragte: „Wie lautet mein Spitzname unter euch Kindern?" Sie wusste es nicht. „Du musst es mir sagen, wenn du Bonbon willst."

Ich erzählte ihm, dass mein jüngerer Sohn ihn „den echten Weihnachtsmann" genannt hatte. Das bereitete Herrn Gurdjieff sichtliche Zufriedenheit.

Freitag, 24. Dezember – Heiligabend

Zur Vorbereitung auf das Fest bittet mich Gurdjieff, Flaggen aller Nationen zu besorgen. Danach lässt er mich ein Enneagramm anfertigen, das – als „unsere Flagge" – zwischen den Fahnen der Welt aufgehängt werden soll.

Das Enneagramm, das ich gemacht habe, hat einen Durchmesser von etwa 60 Zentimetern (24 Zoll) und besteht aus Draht, der mit metallischer Folie umwickelt ist. Der Kreis und das Dreieck sind in Gold, die inneren Linien, die die Punkte 1–4–2–8–5–7 verbinden, in Silber gehalten. Sechzehn kleine blaue elektrische Lichter markieren die neun Punkte des Kreises sowie die sieben Punkte, an denen sich die inneren Linien kreuzen.

Nun hängt das Enneagramm, leuchtend und klar, an der Wand – über einer stilisierten grünen Erdkugel, unter der die Geschenke liegen. Statt eines Weihnachtsbaums.

Am Abend ist mein vierzehnjähriger Sohn das einzige Kind bei der kleinen Runde. Nach dem Essen, gegen Mitternacht, spricht Gurdjieff. Er sagt: „Ich möchte euch ein wirkliches Weihnachtsgeschenk machen. Stell dir Christus vor – irgendwo im Weltall ist er." Er formt mit seinen beiden Händen ein Oval in der Luft. „Nimm Kontakt auf – nicht mit dem Zentrum, sondern mit der Peripherie. Ziehe von dort, ziehe in dich hinein. Komm zur Ruhe in dir. Sei. Tu das jeden Tag. Wünsch dir, Christus zu werden. Werde. Sei." [1]

Dann werden die Kapitel „Mein Vater" und „Mein erster Lehrer" aus Gurdjieffs zweiter Reihe gelesen: Begegnungen mit bemerkenswerten Menschen. *Mein ältester Sohn, gesammelt und strahlend, ist noch um vier Uhr morgens wach – bereit, die Bonbons zu verteilen.*

---

[1] George Baker regte an, diese Übung wie folgt zu präzisieren: „Nimm Kontakt mit diesem Raum, diesem Christus auf. Finde die Verbindung im Atem, in der Stimme. Sage laut ‚Ich', und lasse Resonanz und Obertöne sich in dir niederlassen. Dann sage ‚Ich bin' – mit demselben Nachklang. Dann: ‚Ich will Christus werden" – warte – ‚Werde" – warte – „Sei. Nimm dir jeden Tag Zeit für diesen Versuch."

Samstag, 25. Dezember – Weihnachtsessen

Gurdjieff hat die Kinder eingeladen – unsere fünf sowie weitere. Im Nebenzimmer ist für sie ein Tisch gedeckt. Mein Sohn übernimmt die Leitung der Trinksprüche: Er ist verantwortlich dafür, die Idioten in der richtigen Reihenfolge aufzurufen.

Alle March-Kinder haben ihren Idioten gewählt. Mein ältester Sohn entscheidet sich für den quadratischen Idioten. Eine meiner Töchter wählt den Ur-Idioten, bereut es später jedoch. Auf meine Nachfrage antwortet sie: „Er ist zu weit weg von Herrn Gurdjieff, dümmer als die Achtzehn." Eine andere Tochter, die zuvor gefragt hatte, ob der Erleuchtete Idiot etwas mit dem Licht ihres Abendgebets zu tun habe, wählt diesen. Mein jüngerer Sohn entscheidet sich für den Zickzack-Idioten – weil er die Form mag. Die Jüngste ist der gewöhnliche Idiot.

Die beiden älteren Kinder sehen zum ersten Mal Movements.

Am nächsten Abend richtet sich Gurdjieff an eine meiner Töchter: „Warum sitzen und schlafen? Tu. Wähle Lehrer. Arbeite."

Die Tochter zweier Schüler Gurdjieffs äußerte den Wunsch, Klavier spielen zu lernen. Gurdjieff reichte ihr verschiedene Geldscheine – eine ganze Menge. „Zur Verwendung für das Studium. Muss Rechenschaft ablegen. Nicht ausgeben für dies und das. Muss wissen, wofür ausgegeben. Alles aufschreiben."

Mit einem Blick auf ein anderes elfjähriges Mädchen sagte er: „Sie ist eine sehr gute Kandidatin für das Patriarchat. Muss in etwa zwei Jahren beobachtet werden. Nicht links gehen." Er sagte es in einer Weise, die das Mädchen kaum verstand – aber sie spürte, dass es etwas war, dem sie künftig Beachtung schenken sollte.

Samstag, 1. Januar 1949 – Neujahr

Zum Mittagessen kamen alle meine Kinder bis auf den Jüngsten. Auch der Freund meines ältesten Sohnes war wieder dabei. Nach dem Essen spielte Gurdjieff auf dem Harmonium. Dann gab er jedem Kind einen 20-Dollar-Schein. „Macht mit meinem Geschenk, was ihr wollt."

Zu dem Freund meines Sohnes – dessen Vater früh gestorben war und der eine schwere Kindheit gehabt hatte – sagte Gurdjieff: „Sie" – er meinte mich – „deine zweite Mutter. Ich, dein – wie du mich nennen willst – Urgroßvater. Jetzt wirst du ihn immer haben."

Donnerstag, 6. Januar – der „alte Tag von Weihnachten"

Gurdjieff nannte den Dreikönigstag den „alten Tag von Weihnachten". Er wurde mit einem Kinderfest gefeiert. Zwanzig Kinder waren anwesend: unsere fünf, ein Freund, zwei Flinsches, zwei Doolings, zwei Welches, zwei Andersons, Mary Sinclair, zwei Nylands, zwei Freunde der Nylands und Eve Taylor Swaska.

Zwei Teller wurden vor die Kinder gestellt. Auf dem einen lagen glänzende Silberdollar, auf dem anderen Papierdollar. Gurdjieff sprach sehr langsam: „Ich alter Mann. Keine Zeit, Geschenke kaufen zu gehen. Kinder, ich will euch ein Geschenk machen. Ihr könnt wählen. Wählt acht Silberdollar – ihr wisst, Silber ist etwas Echtes, immer gut – oder zehn Papierdollar. Zehn ist mehr als acht. Wenn ihr schnell etwas kaufen wollt, könnt ihr die zehn nehmen. Denkt von allen Seiten. Keine schnelle Entscheidung. Papiergeld – es kann werden wie in Frankreich. Eines Tages ist es nichts mehr wert, nur noch Tapete. Denkt nach und wählt dann. Eure Wahl."

Ein kleines Mädchen stand spontan auf und sagte, sie wolle das Silber. Gurdjieff hielt sie zurück: „Nicht so schnell." Dann wiederholte er seine ganze Rede, ausführlicher als zuvor. Die meisten Kinder entschieden sich für die Silberdollar.

Beim anschließenden Essen wirkte Gurdjieff besonders müde, mit dunklen Ringen unter den Augen. Die Kinder saßen an einem kleinen Tisch. Ich setzte mich gegenüber von ihm in die Ecke, da am Haupttisch kein Platz mehr war. Gurdjieff schimpfte: „Warum du dort sitzen? Geh in anderes Zimmer. Essen gut. Hier kein Platz an Tisch – wie kannst du essen?"

Ich, halb frei, aber innerlich entschlossen, blieb sitzen. „Manchmal ist solches Essen nicht wichtig. Ich will etwas anderes essen." Und ich bekam genug.

Donnerstag, 13. Januar – das alte russische Neujahr

Beim Mittagessen sagte Gurdjieff: „Weihnachten haben wir genug. Weihnachten ist Kinderspiel. Heute ist echtes Weihnachten – mein Geburtstag."

Er winkte mich zu sich heran: „Heute Nacht ich Baby." Er ließ die Hände und den Kopf sinken, sein Gesichtsausdruck war hilflos, ernst und weich zugleich. Mit besonderem Ton sagte er: „Lass deine Kinder Mitternacht hier kommen."

Ich sprach jedes Kind einzeln an: „Heute Nacht hat Herr Gurdjieff Geburtstag. Wollt ihr wie immer sanft schlafen – oder mitten in der Nacht geweckt werden und mit uns zu ihm gehen?" Jedes Kind wollte unbedingt geweckt werden.

Am frühen Abend gingen Walter und ich zur Lesung und kamen gegen halb zwölf nach Hause. Alle Kinder wachten leicht auf und zogen sich warm an.

Als wir in Gurdjieffs Wohnung eintrafen, wurde gerade der erste von vielen ungewöhnlichen Trinksprüchen ausgesprochen. Gurdjieff sagte: „Nach fünfzig Jahren übermenschlicher Anstrengung wollen wir auf denjenigen trinken, der mir am meisten geholfen hat – und mir bei der kommenden Verwirklichung meiner Bemühungen am meisten helfen wird – den großen Beelzebub."

Es war so überfüllt, dass man sich kaum bewegen konnte. Nach dem Essen machte Gurdjieff eine kleine Geste in Richtung eines fünfjährigen Mädchens. Sie sprang auf, stellte sich dicht neben ihn. Er bot ihr einen Platz an seiner Seite an. Als sie sich gesetzt hatte, sagte er zu ihr: „Du wirst Königin sein, meine Helferin, von irgendeinem Land. Nicht Deutschland."

Sie lächelte beim Wort „Helferin". Gurdjieff blickte ihr tief in die Augen. Sie spürte die Kraft seines Blickes, blinzelte und nickte.

Er hatte zuvor geprüft, ob meine Kinder das Lied kannten: „Blödsinn, Blödsinn, du mein Vergnügen. Stumpfsinn, Stumpfsinn, du meine Lust."

Er sagte: „Muss es lernen. Das sind wichtige Werte. Meine Kinder werden die Welt regieren."

Dann traf Kathryn Hulme ein – eben mit dem Flugzeug aus Deutschland gekommen. Gurdjieff nannte sie „Krokodil", ein Spitzname, den sie bereits vor acht oder neun Jahren erhalten hatte – wegen ihrer dicken, vielschichtigen „Häute".

Sie trat vor. „Herr Gurdjieff, darf ich den Kindern zu Ehren Ihres Geburtstags eine Geschichte erzählen?"

Sie begann langatmig und gefühlvoll von einem „armen Mädchen, ohne Eltern, vier Jahre alt", das in Amsterdam ins Flugzeug gestiegen sei, in der einen Hand ihre Papiere, in der anderen das Geld. So sei sie auf 18.000 Fuß (etwa 5.5 km) gestiegen, um in New York ihre neue Mutter zu treffen.

„Krokodil" wiederholte die Geschichte mehrere Male, jedes Mal mit tränenerstickter Stimme, jedes Mal mit mehr Tränen. „Armes Mädchen, keine Eltern, vier Jahre alt." Ihre Tränen flossen in Strömen. Herr Gurdjieff reichte ihr ein Taschentuch. Dann ein zweites. Schließlich sogar ein Tischtuch. Alle lachten laut, die Kinder besonders.

Gurdjieff wandte sich daraufhin an die Kinder und gab ihnen eine sehr wichtige Lehre:

„Bei solch einer Geschichte – wie bei den meisten Geschichten – müsst ihr euch äußerlich höflich verhalten, euch bedanken, ‚Danke, so und so' sagen – aber innerlich: nicht berührt sein. Schnell vergessen. Jetzt habt ihr Krokodilstränen gesehen. Fragt eure mère, père, Leute, denen ihr vertraut, was Krokodilstränen sind. Sehr wichtig zu wissen. Krokodilstränen – in ein oder zwei Jahren werdet ihr es verstehen."

Als auch die Taschentücher das Krokodil nicht aufhalten konnten, ließ Gurdjieff ihr einen starken Kaffee bringen – mit viel Milch und Zucker. Als sie erneut sagte: „Armes Mädchen, ohne Eltern, vier Jahre alt", antwortete Gurdjieff: „Wenn du das noch einmal sagst, zahlen dir alle hier Geld – das du doppelt zurückzahlen musst." Schließlich schalt er sie: „So einen Unsinn gibst du meinen Kindern weiter?"

Es folgte Musik. Eine meiner Töchter, die besonders aufmerksam zuhörte, kämpfte mit den Tränen. Gurdjieff zeigte auf sie und sagte: „Mathematisch genau."

Alle gehen um drei Uhr in der Früh.

Sonntag, 16. Januar

Während des Mittagessens saßen zwei Kinder neben Herrn Gurdjieff. Plötzlich, gegen Ende der Mahlzeit, wandte er sich sehr eindringlich an den sechsjährigen Jungen, der ihm am nächsten saß:

„Du kannst niemals hier sitzen, niemals in meiner Nähe. Du darfst kommen – aber nicht neben mir sitzen." Das Kind nahm es still auf, blass, nur halb verstehend.

Herr Gurdjieff fragte seine ältere Schwester, die in der Nähe saß:

„Verstehst du, warum?" Sie nickte.

Er wiederholte gegenüber dem Jungen mit Nachdruck:

„Deshalb darfst du nicht neben mir sitzen." Er wollte es tief in ihm verankern.

Nach dem Essen kam der kleine Junge zu mir ins große Zimmer und sagte leise: „Ich möchte mich zu dir setzen."

Die Mutter setzte sich auf das Sofa, er kam auf die eine Seite, ihre Tochter auf die andere. Die Kleine flüsterte ihrer Mutter zu: „Ich bin nicht sicher, ob ich es verstehe. Hat er... einen Stink gemacht?"

Ihre Mutter antwortete: „Ja. Herr Gurdjieff hat eine sehr feine Nase."

Zu ihrem Sohn sagt sie: „Es ist schade, dass du ihn leiden lässt." Dicke Tränen liefen ihm über die Wangen. Er kämpfte mit ihnen.

Als sie sich verabschiedeten, ließ sich Herr Gurdjieff von der Schwester auf den Mund küssen. Dem kleinen Jungen nickte er entschlossen zu, und der Junge nickte zurück.

Die Mutter sagte: „Das hat ihn zu Tränen gerührt."

Gurdjieff antwortete: „Die notwendigen Werte gebe ich ihm." Sie nickte. Als der ältere Bruder des Jungen von der Episode hörte, meinte er trocken: „Das ist genau das, was er braucht. Sonst lässt er seinen Wind raus und lacht laut."

Freitag, 4. Februar

Mein älterer Sohn machte inzwischen ziemlich regelmäßig bei den Movements mit. An diesem Abend wurde das kreisende „Hallelujah" auf neue Weise geübt. Herr Gurdjieff ließ ihn etwa zehn Minuten lang auf einem Stuhl stehen, die Arme an den Ellbogen angewinkelt.

Als er wieder saß, sagte er: „Ich hätte noch länger weitermachen können."

Am nächsten Morgen, als ich mit ihm allein war, fragte ich ihn: „Kannst du irgendwie sagen, wie du dich gestern gefühlt hast?"

Er antwortete schlicht und bescheiden: „Ich habe mich wie ein Gott gefühlt."

Einige Tage später musste er die Rolle im „Hallelujah" noch einmal übernehmen. Es gab eine lange Wartezeit, bis das Movement begann, und dann war sie kürzer als beim ersten Mal.

Als sein Part beendet war, stieg er nicht hastig vom Stuhl herab, sondern nahm ihn langsam weg. Herr Gurdjieff zeigte sich unzufrieden. Als mein Sohn dann versuchte, den zusammengeklappten Stuhl an eine verspiegelte Wand zu lehnen, sagte Gurdjieff nur: „Nein, nicht dort. Du musst ein bisschen nachdenken."

Kapitel 9 – Gurdjieffs letzter Besuch in New York

* * *

Als ich in der Prieuré war, sprach Gurdjieff oft davon, dass seine Schriften „gedruckt werden müssen". Einmal fuhr er sogar mit mir nach Leipzig, um mir den Ort zu zeigen, an dem sein Buch erscheinen sollte. Damals verstand ich das „gedruckt werden müssen" im übertragenen Sinn: Der Beelzebub musste in mir gedruckt werden – musste in mir die Sehnsucht meiner Kindheit wecken, als ich über Christi Gebot nachdachte: „Liebe deinen Nächsten wie dich selbst."

Bei seinem letzten Besuch in New York sagte Gurdjieff zu einigen seiner älteren Schüler, es sei nun an der Zeit, seine Bücher in mehreren Sprachen zu veröffentlichen. Er entschied, dass die erste Reihe – *Beelzebubs Erzählungen für seinen Enkel,* oder: Eine objektiv unparteiische Kritik des Lebens des Menschen – zuerst gedruckt werden sollte. Wenn sich keine Verlage fänden, die die Veröffentlichung finanzieren würden, müssten wir es selbst tun.

Christopher Fremantle schloss mit E. E. Dutton einen Vertrag über die Veröffentlichung von *Beelzebub's Tales* ab, aber wir mussten dem Verlag eine garantierte Geldsumme zusichern. Diejenigen von uns, die sich an der Finanzierung beteiligten, sollten eine Widmung auf der ersten Seite des Buches erhalten. Bei einem Preis von 400 Dollar pro Exemplar waren wir überzeugt, dass dies der beste Kauf unseres Lebens sein würde.

Aubrey Wolton sollte mir bei der Vorbereitung des Textes helfen. Jeden Morgen kam er zu mir nach Hause, und wir überprüften Rechtschreibung und Zeichensetzung. Nach etwa zwei Stunden konzentrierter Arbeit brachte uns meine Mutter ihren Zaubertrank: ein aufgeschlagenes Gemisch aus Eigelb, Zucker und Cognac.

Jederzeit konnte ein Anruf kommen: „Gurdjieff hat einen Auftrag für Sie. Bitte kommen Sie schnell." Ich ließ alles stehen und liegen und kümmerte mich um ihn. Er wollte seinem Bruder oder seiner Schwester oder jemand anderem aus seiner großen Familie Geld schicken. Oder er wollte einen „Erinnerungsbrief" an jemanden verfassen lassen.

* * *

Das hier abgebildete Café de la Paix war ein regelmäßiger Aufenthaltsort Gurdjieffs in Paris. Die Aufnahme stammt vermutlich aus der späten 1940er-Jahren und vermittelt die Atmosphäre dieser Zeit.

„Übrigens", sagte Gurdjieff gegen Ende seines Aufenthalts – sein *by the way* war oft die Einleitung zu etwas sehr Wichtigem –, „ich sammele Kälber, um sie nach Paris einzuladen, damit sie sich in den Movements weiterbilden können." Unter diesen jungen Frauen, den Kälbern, die noch keine Kühe waren, war auch Iovanna, die Tochter von Frank Lloyd Wright. Wright, ein Mann, der es gewohnt war, seinen eigenen Weg zu gehen, bat darum, dass sie bis nach seinem Geburtstag bleiben dürfe, aber Gurdjieff antwortete: „Nein, muss *jetzt* sein." Wright akzeptierte: „Ich akzeptiere und gehe – ein gedemütigter Mann."

* * *

Mitte Februar verließ Gurdjieff New York an Bord der *Queen Mary*, um nach Europa zurückzukehren. Bevor das Schiff ablegte, drängten sich viele seiner Schüler und deren Kinder in seiner Kabine.

Als Gurdjieff ankam, sah er müde aus. Ich spürte, dass er es bald hinter sich bringen wollte. Die Marches, Doolings, Flinches und das Anderson-Mädchen waren da. Gurdjieff gab einem der Mädchen Litschi-Nüsse und Bonbons, damit sie sie an die Gratulanten verteilte.

Dann beugte er sich hinunter, um sich küssen zu lassen. Ich stand hinter ihm und beobachtete die Gesichter meiner Kinder.

Der Mond hing tief am Himmel. Der ganze Kosmos war spürbar. Gurdjieff ging. Würde er je wiederkommen?

Eine Woche später, nachdem ich am Bett meiner Tochter das Gebet aus dem Kapitel *Fegefeuer* aus *Beelzebubs Erzählungen* gesprochen hatte, sagte sie:

„Ich würde mein Leben für Herrn Gurdjieff geben. Oder meine Seele. Und du, Mutter?"

Ich antwortete: „Ich würde meine Haut geben."

29.10.2019 Kathedrale Alexander Newski in Paris – ein stiller Ort, der am 3. November 1949 Zeuge seiner Trauerfeier war

Kapitel 10 – Die letzten Tage

Nicht lange nachdem Gurdjieff im Februar 1949 nach Frankreich zurückgekehrt war, erreichte mich ein Telegramm aus Paris. Es lautete schlicht: „Der Autor erwartet Sie." Arnold Keyserling – der zweite Sohn von Hermann Graf Keyserling –, der inzwischen zu Gurdjieffs Tisch in Paris gehörte, arbeitete an der Übersetzung von Ouspenskys *Auf der Suche nach dem Wunderbaren* ins Deutsche. Meine Aufgabe war es, sicherzustellen, dass „unser Vokabular" stimmte.

Es war eine schwierige Entscheidung, wie ich meine Familie organisieren und mich zugleich von ihr lösen konnte. Als ich mich auf meine Abreise vorbereitete, fragte mich eine meiner Töchter: „Was macht Herr Gurdjieff eigentlich?" Bevor ich antworten

3. November 1949: Grablegung G.I.Gurdjieffs

1950 Schutzumschlag der deutschen Ausgabe von All und Alles, *entworfen von Joseph Binder*

Kapitel 10 – Die letzten Tage

konnte, sagte sie mit stiller Überzeugung: „Ich weiß eines. Er macht etwas mit Gott."

Nachdem ich ein deutschsprachiges Hausmädchen gefunden hatte, das meiner Mutter bei der Betreuung der fünf Kinder zur Seite stand, verabschiedete ich mich – voller Sorge, aber auch mit einem Gefühl der Notwendigkeit – und segelte nach Frankreich.

In den folgenden sechs Monaten übernahm ich verschiedene Aufgaben im Zusammenhang mit der Veröffentlichung von *Beelzebubs Erzählungen*. Gurdjieff schickte mich nach Wien, um dort die deutschsprachige Ausgabe – *All und Alles* – zu betreuen. Täglich arbeitete ich mit mehreren aus der Kriegsgefangenschaft entlassenen deutschen Männern an der Überprüfung der Druckfahnen. Wir korrigierten Interpunktion und überprüften die Schreibung der vielen schwierigen, oft fremdartigen Wörter.

Einmal hörte ich zufällig im Foyer meines Hotels zwei afrikanische Missionare über das feine Bibeldruckpapier sprechen, das sie noch übrig hatten. Ich sorgte dafür, dass dieses beinahe durchscheinende Papier für unsere deutsche Ausgabe von *Beelzebubs Erzählungen* zur Verfügung gestellt wurde.

G. GURDJIEFF

EIN HINWEIS AUF SEIN
LEBEN UND WERK

VON LOUISE MARCH

Die Alte Mühle, wo Louise March die Broschüre schrieb: Gurdjieff. Ein Hinweis auf sein Leben und Werk

Doch es gab auch unangenehme Aufgaben. So hatte sich eine schwierige Situation mit Arnold Keyserlings Verlag, dem „Verlag der Palme" in Innsbruck, entwickelt. Gurdjieff hatte Keyserling Geld für den Druck des Buches gegeben – doch es war stattdessen zur Veröffentlichung eines Gedichtbandes von Keyserlings älterem Bruder verwendet worden. [1]

Als ich in Gurdjieffs Wohnung in der Rue des Colonels Renard zurückkehrte, schickte er mich noch in derselben Nacht nach London. Ich sollte dort die Pressearbeit zur englischen Ausgabe organisieren. Beim Abschied sagte Gurdjieff mit einem Lächeln: „Wir warten mit Mittagessen auf dich."

In London arbeitete ich bis tief in die Nacht mit Mitgliedern der englischen Gruppe an der Formulierung einer Presseerklärung. Meine Bezeichnung des Buches als „kosmisches Märchen" wurde schließlich übernommen. Am nächsten Tag um vier Uhr saß ich wieder bei Gurdjieff am Mittagstisch – in Paris.

Im Herbst reiste ich nochmals nach Wien, um die Arbeit an der deutschen Ausgabe abzuschließen. Doch ich verließ Paris mit schwerem Herzen. Gurdjieffs Gesundheitszustand verschlechterte sich zusehends. Ein ehemaliger Mitarbeiter Ouspenskys, der ihn regelmäßig besuchte, hielt mich auf dem Laufenden. Als Gurdjieff ins Krankenhaus gebracht wurde, wurde ich sofort zurückgerufen.

Am 29. Oktober 1949 flog ich über Stuttgart nach Paris – und wusste: Gurdjieff war gestorben. Nach meiner Ankunft rief ich Mme de Salzmann an. Sie bestätigte es mit wenigen Worten. Gemeinsam gingen wir zum Amerikanischen Krankenhaus, in dem sein Leichnam aufgebahrt war. Als wir still neben ihm standen, fühlte ich mich an die beiden Marias unter dem Kreuz erinnert.

Die Trauerfeier fand in der russisch-orthodoxen Kirche in der Rue Daru statt. Die Gemeinde verharrte über eine Stunde in völliger Stille, während sie auf den Sarg wartete. Der Priester war tief beeindruckt von dieser Ruhe. Später fragte er: „Was hat dieser Mann gelehrt? Mein ganzes Leben lang habe ich mir eine Gemeinde wie diese gewünscht."

---

[1] Manfred Keyserling, Naturbilder und Urbilder, Innsbruck: Verlag der Palme, 1949

Gerade als die Zeremonie zu Ende ging, fiel in der Kirche der Strom aus. Ganz Paris schien einen Moment lang zu flackern. War es Gurdjieffs letzter Scherz? Er hatte oft gesagt: „Wenn meine Lehre verstanden ist, wird es kein elektrisches Licht mehr geben."

Gurdjieff wurde auf dem Friedhof von Avon beigesetzt – zwischen dem Grab seiner Frau und dem seiner Mutter. Ihre Grabsteine hatten sich mit der Zeit einander zugeneigt. Es war, als würde auch der Stein sich verneigen.

Nachwort

Im Jahr 1949, als die deutsche Ausgabe von *Auf der Suche nach dem Wunderbaren* vom Verlag der Palme veröffentlicht wurde, wurden Arnold Keyserling und Louise March als Mitübersetzer genannt.

1950 erschien beim gleichen Verlag, dem Verlag der Palme – dem Verlag von Keyserling –, die deutsche Ausgabe von *Beelzebubs Erzählungen für seinen Enkel*, schlicht betitelt *All und Alles*. Der leuchtend rote Einband des Buches trug das vergoldete Verlagslogo. Der schöne, blau-graue Schutzumschlag wurde von Louise Marchs altem Freund Josef Binder gestaltet, dem hochgeschätzten österreichisch-amerikanischen Künstler.

Zeitgleich mit der Veröffentlichung von *All und Alles* verfasste und veröffentlichte Louise March, während sie bei ihrer Schwester und ihrem Schwager in der Alten Mühle in Frankfurt wohnte, eine zwölfseitige Broschüre mit dem Titel:

„G. Gurdjieff: Ein Hinweis auf sein Leben und Werk."

Appendix

Return to the Mountains
by Louise March

Giants of my childhood,
You great mighty holy mountains,
With dust on my feet from the plains below,
Tired of much pilgriming,
Dare I to present myself to you again?
Will you test me for steadiness
In all weathers and storms?
Head upon shoulders,
Feet upon earth,
Only your measuring can measure me,
Your measures I have never forgotten—
Kindly you are, you great and mighty ones,
Today as before
You permit rainbows
To arch from your mountain springs.
And, oh, to have had such compassion upon me:
Sending one toward me
In human form
To receive me:
Hair of your woods,
Eyes of your lakes,
Words of your winds,
Heartbeat of your waters.
Unexpected, undeserved,
He came toward me
In human form,
Overpoweringly near
In the kindness of his arms.

In the Shade of Notre Dame
by Louise March

In the shade of Notre Dame,
On a bench beside you
I forget all haste,
All burdens.
Unload all loads
And tensions.
Sparrows hop from crumb to crumb,
Pigeons delicately dine or gobble,
While we are just sitting,
Watching and viewing,
We forgo and forget everything.
These lovely lively merry sparrows:
Two bicker and peck for scraps of food,
One has fled with it to a lower branch.
These lovely grey iridescent pigeons
Keep their cooing to themselves —
Is it only in fairy tales that pigeons coo?
Three have flown to the arm
Of a crooked-nosed old woman
Dressed in black:
Slowly she raises her thumb, like a door,
And three heads poke into her fist
For some golden corn.
They remain on her arm
Till the other hand opens:
They eat quietly, heads bobbing.
Children hop around us in the cold wind,
Jump rope, play blind man's bluff,
Search for a ball under our feet.
The sparrows and pigeons hardly stir,
As they pass. Nor do we,
Wholly immersed as we are
In the stir of life.

Eine Einführung in das Tibetische Totenbuch

Mit einigen Hinweisen zur richtigen Methode, Gurdjieffs Beelzebubs Erzählungen für seinen Enkel zu lesen
von Louise March

Es ist die Besonderheit dieses Textes – wie aller sogenannten geheimen Texte –, dass seine innere Lehre nur durch Übung verstanden werden kann, wie eine Medizin, deren Wirksamkeit sich erst durch Einnahme erweist. Deshalb soll diese Einführung eine Annäherungsmethode aufzeigen, durch die der Leser oder Zuhörer aus dem Buch Nutzen ziehen kann. Da diese Lehre „auf dem Weg des Ohres" ins Innere gelangen soll, muss das äußere Selbst beiseite gelassen werden, als wäre es tot. So wie im Tod die Aufmerksamkeit vom physischen Körper abgezogen und auf einen neuen Brennpunkt gelenkt wird, so besteht auch hier das Hauptziel des Textes darin, den Menschen aus seiner äußeren Welt herauszureißen und sein wahres Bewusstsein zu erwecken.

Wenn der Körper „zur Ruhe kommt", unbeeinflusst von gewohnten Assoziationen und Begierden, erhält das Bewusstsein – oder der „Erkenner" – in einem plötzlichen Aufblitzen die Gelegenheit, sich selbst wie von innen zu sehen, sich selbst zu beurteilen. Dieser große „Schock" ist die erste und beste Gelegenheit, sich seiner selbst zu bemächtigen und das zu erreichen, was der Text „Befreiung" nennt.

Doch in den meisten Fällen ist das „Bewusstsein" zu schwach, um dem Tod ins Gesicht zu sehen. Es fällt in eine „Ohnmacht", aus der es wie aus einem Traum erst nach dreieinhalb Tagen „erwacht". Heerscharen von Göttern – friedliche wie schreckliche – erscheinen dem „Verstorbenen". Sie überwältigen und verwirren seine Sinne, blenden ihn mit immer neuen Formen von Licht und Schrecken. Der Text ist ein treuer Führer auf jedem Schritt des Weges. Er benennt die verfolgenden Gestalten, beschreibt ihre Eigenschaften, verlangsamt sie durch Worte, bannt sie mit Gebeten. Kurz: Er wird zum rettenden Unterbrecher, der dem Verfolgten mitteilt, was diese Gestalten in Wirklichkeit sind – ein Kaleidoskop seiner eigenen Vorstellungen und Impulse. Sie sind keine eigenständigen Wesen

1970 Louise Goepfert March

außerhalb seiner selbst, vor denen er sich fürchten müsste; sie sind lediglich Reflexe seiner eigenen Gedanken und Gefühle.

Das ganze Leben, das mit dem Tod abgeschlossen scheint, geht über in die Traumwelt umherschweifender Bewusstseinsfragmente. Der „Verstorbene" sieht seine Freunde und Angehörigen, ruft nach ihnen, wird aber nicht gehört – was ihn zutiefst leiden lässt. Er sieht, wie seine Besitztümer von anderen verwendet oder missbraucht werden – was ihn sehr aufregt. Er kehrt immer wieder zu seinem verlorenen Körper zurück und sehnt sich schließlich nach einem neuen. Er wird hin- und hergetrieben, fällt in tiefe Depressionen und kann nichts verändern. Er reagiert wie im Leben – nichts als Reaktionen –, obwohl allein Handlung ihn retten könnte. Der Text rät ihm ständig, diesen einen Schritt zu tun: den Schritt weg von sich selbst, weg von Sympathien und Antipathien, die ihn steuern, weg von den Fesseln der Gewohnheiten und Neigungen.

Dieser erste Schritt ist „das Hörenlernen", der Wille zu hören, der Wunsch, das innere Chaos aufzugeben, so wie man im physischen Tod den Körper ablegt. Dieser Schritt bedeutet, dass wir nicht mehr eingreifen, nichts mehr verändern wollen (anfangs nicht einmal uns selbst); dass wir nicht streiten, keine Meinung durchsetzen wollen; dass wir das Gehörte nicht sofort in unsere gewohnte Alltagssprache übersetzen – was gleichbedeutend wäre mit: zum einen Ohr rein, zum anderen wieder raus. Dieser Schritt bedeutet, sich ruhig und abseits zu halten von dem vielstimmigen Heer angreifender Gedanken, Gefühle und körperlicher Assoziationen.

Zuhören zu können ist eine äußerst schwierige Aufgabe – auch wenn viele westliche Menschen das nicht glauben wollen. Der chinesische Weise Lü Buwei schrieb: *„Alle Menschen bedürfen einer gewissen Schulung des Geistes, bevor sie richtig zuhören können. Wer diese Schulung nicht besitzt, muss sie durch Lernen erwerben. Es ist in Vergangenheit und Gegenwart noch nie vorgekommen, dass jemand ohne Lernen richtig zuhören konnte."*

Die verschiedenen Yogasysteme lehren dies – jedes auf seine Weise. Diese Lehren sind an unterschiedliche Menschentypen angepasst, basieren jedoch alle auf ebenso exakten Gesetzen wie die Mathematik. Zuhören zu können bedeutet, in der Lage zu sein, die

„eigene" Meinung beiseitezulassen, sich innerlich zu entleeren, damit Platz entsteht, etwas anderes aufzunehmen. Es ist bekannt, dass niemand Yoga wirklich verstehen – oder besser gesagt: praktizieren – konnte, ohne einen Lehrer. Dieses Buch verweist den Sterbenden auf seinen Lehrer – es ist eine „Erinnerung" an die Lehre des Gurus.

Doch es geht noch weiter – und kann gerade für den modernen Menschen besonders nützlich sein: Der Text selbst übernimmt die Rolle des Lehrers für den, der keinen hatte. Das gelingt ihm, weil es auf dem einen Weg basiert, den alle Yogasysteme lehren – den einzigen Weg, der zum Ziel führt. Deshalb nennt sich das Bardo Thödol die „Essenz aller Lehren" und preist jene glücklich, die ihm begegnen. Das Bardo Thödol ist ein überaus geduldiger und nachsichtiger Lehrer, der immer wieder, auf verschiedene Weise, versucht, den im Labyrinth seines eigenen Himmels, seiner Hölle und Erde umherirrenden Menschen zur Selbstbefreiung im Zustand zwischen Tod und Wiedergeburt zu führen.

Befreiung kann grundsätzlich in dem Moment geschehen, in dem die Identifikation des Bewusstseins mit illusorischen Geschehnissen und Ichs unterbrochen wird – oder, positiver ausgedrückt, wenn in uns jener Beobachter entsteht, der unser automatisches Denken, Fühlen und Wahrnehmen verfolgt. In der Praxis ist Befreiung jederzeit möglich – je nach innerer Veranlagung und Eigenart des Einzelnen. Deshalb fallen die Mahnungen des Textes bei verschiedenen Menschen zu verschiedenen Zeiten auf fruchtbaren Boden. Wenn dies geschieht, kann der Mensch, dem in jedem Schritt „das Wirkliche ins Gesicht gestellt" wird, es schließlich erkennen – nämlich sich selbst.

Befreiung wird erreicht, wenn sie durch unparteiische Selbstbeobachtung Selbsterkenntnis erlangt wird.

Bardo Thödol bedeutet wörtlich „Befreiung durch Hören im Zwischenzustand". Mit Zwischenzustand ist jener lange, unsichere Bereich zwischen Tod und Wiedergeburt gemeint – die Kette der Selbsttäuschung, wenn das Wesen durch „Hochstapler" irregeführt wird. Diese „Hochstapler" sind die unerkannten Inhalte des Bewusstseins – die Täuschungen der eigenen Natur, die die verschiedenen religiösen Systeme als Egoismus, Eifersucht, Hass,

Gier, Ehrgeiz usw. bezeichnen. Der Buddhismus zählt auch Dummheit und Gefühllosigkeit dazu, und Christus spricht von den Lahmen, den Krüppeln und den Blinden.

Jene, deren Ohren noch nicht geöffnet sind, werden im Zwischenzustand „vom Wind des Karmas hin- und hergeweht". Sie verharren endlos in diesem Zustand und erkennen nicht einmal den Tod, wenn er eintritt. Jene, die Ohren haben zu hören, beenden diesen Zwischenzustand. Sie ziehen in sich selbst die beiden imaginären Endpunkte Geburt und Tod zusammen, sodass aus der Linie ein Punkt und aus der Zeit die Ewigkeit wird.

Es ist nicht vorhersehbar, was derjenige schließlich erreicht, der das Zuhören gelernt hat. Was „auf dem Weg des Ohres" in uns eintritt, gelangt in jene geheime Kammer, aus der nichts mehr zurückkehrt – und kristallisiert sich dort zu jenem Meister, der unser Denken, Sprechen und Handeln lenkt.

Um zu beginnen – was sehr schwer ist – sollte man sich diesem Text nähern wie ein Schüler seinem Lehrer mit einer wichtigen Frage, die nichts mit den Fragen des Alltags zu tun hat. Noch besser ist es, sich ihm mit dem erwachenden Bewusstsein der eigenen Nichtigkeit zu nähern – verbunden mit dem Glauben, dass man sie dennoch zu verwandeln vermag. (Goethe sagt: *„Du glaubst zu schieben, aber du wirst geschoben."*) Oder mit dem Wunsch nach wirklichem Wissen – frei von Neugier.

Hinzugefügt sei: Für richtiges Zuhören ist Geduld wesentlich – ebenso wie für richtiges Fragen, wie uns die Geschichte vom Gral lehrt.

Wer Gelegenheiten nutzen will, findet in diesem Buch viele. Man versuche etwa, die anfangs fremden tibetischen oder Sanskrit-Namen einfach hinzunehmen – als Unbekannte in einer mathematischen Gleichung – ohne gleich in einem Lexikon nach einer äußeren Erklärung zu suchen.

Vor allem ist beim Lesen dieses Buches Akzeptanz wesentlich – Akzeptanz etwa für scheinbare Abschweifungen oder Wiederholungen oder für gewisse (möglicherweise) schwache philosophische Passagen. In diesen, über Jahre oder Übersetzungen hinweg abgenutzten Stellen, ist der Lebensstrom des Textes nicht immer deutlich zu spüren. Doch gerade diese Passagen scheinen den Leser absichtlich abzudämpfen, um die nächste Wirkung sicherer und tiefer treffen zu lassen. Man sollte es vermeiden, sich selbst zum Richter dieses Buches zu machen – vielmehr sollte man es als Helfer für sich selbst verwenden.

Dann könnte es geschehen, was *Das Geheimnis der Goldenen Blüte* sagt:

„*Die Henne vermag ihre Eier auszubrüten, weil ihr Herz immer horcht.*"

Wie dieses Buch mit Louise March entstand

von Annabeth McCorkle

Viele Jahre lang drängten Schülerinnen, Schüler und Freunde von Louise March sie dazu, ihre einzigartigen Erfahrungen mit Mr. Gurdjieff schriftlich festzuhalten. Auch ich bat sie oft, mir zu erlauben, ihr Material in eine für die Veröffentlichung geeignete Form zu bringen – aber sie wich mir immer aus. Ich blieb hartnäckig, entschlossen, ihre Geschichte nicht verloren gehen zu lassen. Mehrfach begann sie dieses Projekt mit anderen, doch jeder Versuch wurde schließlich wieder aufgegeben. Dann, im Juli 1987, bat mich Mrs. March, ihre Erinnerungen aufzuschreiben.

Den ganzen Sommer über bis in den Herbst trafen wir uns wöchentlich in einem Gartenpavillon hinter meinem Haus, um ihre Erinnerungen an die Zeit mit Mr. Gurdjieff aufzuzeichnen. Der von Robinien beschattete Pavillon bot einen Blick auf eine große Rasenfläche mit Blumeninseln und einer von Wein umrankten Pergola. Mrs. March nannte diesen Ort gern ein „persisches Paradies".

Unsere Sitzungen bestanden in der Regel aus Tonbandinterviews, bei denen wir uns jeweils auf eine bestimmte Zeit oder einen Aspekt ihrer Verbindung zu Mr. Gurdjieff konzentrierten. Zwischen den Treffen transkribierte und bearbeitete ich die „Pavillon-Bänder". Der erste Rohentwurf war ein Flickwerk aus Interviewausschnitten, Passagen aus Mrs. Marchs Tagebüchern und Fragmenten früherer Versuche, ihre Erinnerungen festzuhalten. Bei den folgenden Treffen überarbeiteten wir diesen Text: Wir korrigierten, klärten und erweiterten ihn. Es war, als müsste ich mir neues Material „verdienen", indem ich die Rohdaten der Vorwoche in ein zusammenhängendes Stück verwandelte.

Oft dienten meine eigenen Notizen und Erinnerungen aus meiner 24-jährigen Verbindung mit Mrs. March als Ausgangspunkt für weitere Nachfragen. Manche der produktivsten Gespräche begannen mit meinem Satz: „Du hast einmal gesagt..."

Nach mehreren Stunden Arbeit aßen wir zu Mittag. Nach dem Kaffee arbeiteten wir manchmal noch etwas weiter – oder sprachen

29. Oktober 2024 Gurdjieffs Grab

über andere Dinge. Jedes Treffen endete mit einem Spaziergang durch den Garten, bei dem sie Blumen sammelte, um daraus die außergewöhnlichen Blumencollagen zu gestalten, die sie in ihren späten Jahren schuf.

Als das Manuskript allmählich Gestalt annahm, stellte Mrs. March Originaldokumente und Fotos aus den Jahren 1929 bis 1949 zur Verfügung. An einem Tag las sie mir jene Passagen aus ihrem Japan-/China-Tagebuch vor, die sie in das Buch aufgenommen haben wollte. Briefe, Notizen und Quittungen von Hotels, Schiffslinien und Wohnungen dienten zur Gedächtnisstütze und halfen dabei, die Datierungen im Text zu bestätigen. Wo es Unklarheiten gab, nutzte ich die Recherchemöglichkeiten der öffentlichen Bibliothek. Wenn wir Hilfe bei russischen Begriffen brauchten, fragten wir einen Professor für Russisch. Die korrekte Chronologie der Ereignisse, die Mrs. March beschrieb, zu rekonstruieren, war ein wunderbares Puzzle. Manchmal ließ sich nicht mehr feststellen, wann oder wo ein bestimmtes Erlebnis stattgefunden hatte. Dann sagte Mrs. March: „Ah, das bleibt ein Geheimnis." In solchen Fällen nahmen wir die Begebenheit ohne genaue Zeit- oder Ortsangabe auf. Wo genaue Daten genannt werden, lassen sie sich belegen.

Von Anfang an sagte Mrs. March, dass dieses Buch keine Wiederholung von Gurdjieffs Lehre werden solle. Sie sagte: „Gurdjieff hat nicht gelehrt. Er war. Seine Lehre floss daraus." Sie wollte Materialien aufnehmen, die ein vollständigeres Bild von Mr. Gurdjieff vermitteln könnten. „Vieles über ihn wurde schon von anderen gebracht. Was wurde vernachlässigt? Das sollte ich beitragen", sagte sie. Gleichzeitig war ihr die Schwierigkeit unseres Vorhabens bewusst. Eines Tages überreichte sie mir einen Zettel mit einem Zitat aus René Zubers Buch *Wer sind Sie, Herr Gurdjieff?*:

„Ist jedoch eine persönliche Beziehung in ihrer wahren Natur nicht etwas Unmitteilbares?" – Wir machten weiter.

Die Arbeit verlief nicht immer reibungslos. Mrs. March warf mir oft vor, ich sei „zu direkt". Ich wiederum forderte sie ständig auf, „weniger vage" zu sein, damit die Leser die geschilderten Ereignisse besser vor sich sehen könnten. Sie beklagte, ich sei „zu fantasievoll", gab aber gleich darauf zu, dass sie meine Fähigkeit brauchte, das Material erst einmal zu entwickeln – damit wir dann etwas hätten, das man überarbeiten konnte.

Frau March und ich stritten oft – sogar heftig – über die Verwendung von Wörtern, über ihre Bedeutungen und Nebenbedeutungen. Gemeinsam suchten wir nach einer Sprache, die für amerikanische Leser verständlich war, dabei aber möglichst viel von Frau Marchs einzigartiger Ausdrucksweise bewahrte. Wir entschieden dies jeweils im Einzelfall. So wurde zum Beispiel aus ihrem Originalausdruck „I broke my head" im vierten Kapitel die englische Redewendung „I racked my brain" („Ich zermarterte mir das Hirn"). Und im zweiten Kapitel ließen wir ihr Wort „other-ness" stehen, um Gurdjieffs Musik zu beschreiben.

Wir suchten auch nach präzisen, aber treffenden Definitionen für Gurdjieffs eigenwillige Ausdrücke. Ich schlug vor, „chik machen" bezeichne „eine Fliege oder sonst ein lästiges Insekt". „Auf keinen Fall", sagte sie, „es muss eine Bettwanze sein." – „Was bedeutet ‚in galoshes'?" fragte ich. – „Verhaftet", antwortete sie. Die Bilder, die das in mir auslöste – Polizisten und Handschellen – passten für mich nicht. Es dauerte lange, bis ich verstand, was sie mit diesem Ausdruck meinte. Erst dann konnte ich eine passende Definition formulieren – und es brauchte mehrere Versuche, bis sie damit zufrieden war.

Obwohl der Schwerpunkt des Buches auf den Jahren nach ihrer Begegnung mit Gurdjieff lag, war uns klar, dass auch etwas über ihre Kindheit erwähnt werden sollte. Um dem Missverständnis vorzubeugen, sie habe es „leicht gehabt", wollten wir zumindest ihre schwierige Beziehung zur Mutter ansprechen. Während Frau March davon sprach, bemerkte ich, dass sie dies ganz ohne jeden Anflug von Klage erzählte.

Am Ende des Sommers wurde mir klar, dass wir Teil eines vielschichtigen Prozesses waren. Während Frau March mir Material zur Veröffentlichung anvertraute, schuf sie zugleich Bedingungen, die in gewisser Weise ihre eigene Erfahrung mit Mr. Gurdjieff widerspiegelten – insbesondere die gemeinsame Arbeit an der

Übersetzung von *Beelzebubs Erzählungen für seinen Enkel.* Sie übergab mir diese Arbeit – direkt und ganz praktisch.

Im Herbst, kurz nach ihrem 87. Geburtstag, kam Mrs. March für eine kleinere Operation ins Krankenhaus. Es traten unerwartete Komplikationen auf. Am 14. November 1987, gegen zwei Uhr morgens, starb sie – während einige von uns an ihrem Bett standen. Ich hatte noch nie zuvor einen Menschen sterben sehen – ich kann also nicht sagen, ob ihr Tod typisch war. Ich vermute, er war es nicht. Ich war unvorbereitet auf das Erlebnis, sie loszulassen. Doch ich blieb zurück mit der Gewissheit, dass das Licht, das sie war, zu seiner Quelle zurückkehrte.

Zum Zeitpunkt ihres Todes war unser Projekt noch nicht abgeschlossen. Aber wir hatten uns auf die wesentlichen Inhalte und die Grundstruktur ihrer Biografie geeinigt – einschließlich der Ich-Erzählform. Die endgültige Fassung des Buches entstand nach ihrem Tod. Zwar waren umfangreiche redaktionelle Überarbeitungen notwendig, doch sie entsprachen Frau Marchs Intention.

Schon 1987, während wir ihre Erinnerungen an Gurdjieff überarbeiteten, wussten wir: The Gurdjieff Years 1929–1949 war nur der erste Teil ihrer Geschichte. Ein weiteres Buch sollte folgen – über den Aufbau der Gurdjieff-Arbeit in Rochester, New York. Mit diesem Ziel vor Augen ermutigte mich Frau March, schriftliche Erinnerungen von früheren und aktuellen Schülern zu sammeln. Nach der Veröffentlichung von The Gurdjieff Years im Jahr 1990 – als viele Menschen mir schrieben, um mehr über Frau Marchs Weitergabe der Gurdjieff-Lehre zwischen seinem Tod und ihrem eigenen (fast vier Jahrzehnte) zu erfahren – wusste ich: Jetzt ist es an der Zeit, dieses Material zugänglich zu machen. Ich ergänzte die schriftlichen Erinnerungen ihrer Schüler um Briefe von ihr, Themenvorgaben, Zeitungsartikel über sie und Notizen aus meinen eigenen Tagebüchern. Zum 50. Jubiläum ihres ersten Besuchs in Rochester veröffentlichte ich 2007 im privaten Rahmen The Rochester Years 1957–1987: The Work of Louise March.

Louise March – ein Leben mit Sinn

Warum ich dieses Buch übersetzt habe

von Michèle Fink

Das Gefühl, eines Tages einem wahrhaft großen Menschen zu begegnen, begleitete mich, solange ich zurückdenken kann. Meine Kindheit war nicht leicht – auch meine Mutter war ein schwieriger Mensch. Zu ihrer Entlastung schickte sie meinen Bruder und mich sonntags zur Sonntagsschule der Heilsarmee. Dort erwachte sehr früh mein kritischer Geist: Mit gerade einmal sechs Jahren begann ich, religiöse Autoritäten infrage zu stellen – und eckte prompt an.

Als ich mit 24 Jahren *Beelzebubs Erzählungen für seinen Enkel* las, bestätigte sich dieser innere Impuls. Seitdem habe ich gelernt, alles mit wacher Aufmerksamkeit zu betrachten: keine Aussagen ungeprüft zu übernehmen, keine menschengemachten Maßstäbe blind zu akzeptieren. Dieses Buch war der Beginn einer tieferen Suche.

Als ich später *The Gurdjieff Years* und damit das Leben von Louise Goepfert March kennenlernte, berührte es mich auf besondere Weise. Auch ich durfte einem Menschen begegnen, der in mir – nach sorgfältiger Prüfung – ein tiefes Gefühl der inneren Verpflichtung hervorrief. Ihre Geschichte ist ein Beispiel für gelebte Treue und Wandlung, das mich nachhaltig bewegt hat.

Nicht zuletzt war es die heutige Zeit, die mich zur Übersetzung bewogen hat. In einer Welt, die von Unsicherheit, Lärm und Orientierungslosigkeit geprägt ist, spüre ich in vielen jungen Menschen eine tiefe Sehnsucht nach Sinn – nach echter innerer Richtung. Möge dieses Buch – in aller Bescheidenheit – ein stilles Echo auf diesen Ruf sein.

„Ein Tropfen echten Wissens ist kostbarer als ein Ozean der Meinungen." (mündliche Überlieferung)

Louise March – ein Leben mit Sinn

Bild- und Quellennachweis

Die Texte „*In the Shade of Notre Dame*" und „*Return to the Mountains*" stammen aus *Gold Dust* von Louise March © 1980 Rochester Folk Art Guild und werden hier mit freundlicher Genehmigung wiedergegeben.

Der Beitrag „*An Introduction to The Tibetan Book of the Dead, containing some suggestions as to the right method for reading Gurdjieff's Beelzebub's Tales to His Grandson*" von Louise March erschien ursprünglich in *The Rochester Years 1957–1987 – The Work of Louise March*, hrsg. von Annabeth W. McCorkle © 2007 Annabeth W. McCorkle.

Auszüge aus dem Briefwechsel zwischen Louise Goepfert, Alfons Paquet und G. I. Gurdjieff (1929–1931) mit freundlicher Genehmigung der *Universitätsbibliothek Johann Christian Senckenberg*, Frankfurt am Main.

Cover: Michèle Fink

S. iii: Louise Goepfert – Tony von Horn

S. 16: Faksimilie eines Briefes von Louise Goepfert an Alfons Paquet

S. 18: Die Prieuré in den 1930-Jahren

S. 26: Russisches Originalmanuskript – Kapitel 21: „Beelzebub besucht zum ersten Mal Indien". Erste Seite des Typoskripts von Gurdjieffs Hauptwerk in russischer Sprache.

S. 62: Visitenkarte von Georges Gurdjieff mit Adresse seines New Yorker Appartements an der 204 Central Park South – dem Ort der Lesungen und Treffen mit seinen Schülern.

S. 64: Winter 1930-31 – George Ivanovitch Gurdjieff von Tony von Horn

S. 66: Winter 1930-31 – Gurdjieff „Familiy" von Tony von Horn G.I. Gurdjefff, L. Goepfert, Michel de Salzmannm, Nicolai Stjoernval, J. de Salzmann, Dr. L. Stjoernval. Das Foto wurde der

Autorin von Louise March zur Aufnahme in dieses Buch zur Verfügung gestellt.

S. 72: Tai Shan, der heiligste Berg in China; 6293 Stufen ; 1931.

S. 74: Quittung für sechs Erste-Klasse-Fahrkarten von New York nach Cherbourg auf dem Dampfschiff S. S. Bremen, 15. Januar 1932

S. 82: G. I. Gurdjieff bei einer praktischen Übung mit Schülern. Quelle: gurdjieffclub.com; mit freundlichen Genehmigung.

S. 84: Gurdjieff in einem deutschen Reisedokument, New York (Deutsches Generalkonsulat in New York, ca. 1930er Jahre). Die genaue Quelle dieses Bildes ließ sich trotz intensiver Recherche (Stand 2025) nicht mehr ermitteln. Es wurde ursprünglich privat für Recherchezwecke gesammelt. Falls jemand Hinweise zur Herkunft oder zum ursprünglichen Kontext hat, bitte ich herzlich um Nachricht.

S. 100: Enneagramm

S. 110: Das hier abgebildete Café de la Paix war ein regelmäßiger Aufenthaltsort Gurdjieffs in Paris. Die Aufnahme stammt vermutlich aus der späten 1940er-Jahren und vermittelt die Atmosphäre dieser Zeit. Mit freundlicher Genehmigung von InterContinental Paris le Grand.

S. 112 oben: Eines der letzten Bider von G.I. Gurdjieff. Die genaue Quelle dieses Bildes ließ sich trotz intensiver Recherche (Stand 2025) nicht mehr ermitteln. Es wurde ursprünglich privat für Recherchezwecke gesammelt. Falls jemand Hinweise zur Herkunft oder zum ursprünglichen Kontext hat, bitte ich herzlich um Nachricht.

S. 112 unten: 29. Oktober 2019: Kathedrale Alexander Newski in Paris – ein stiller Ort, der am 3. November 1949 Zeuge seiner Trauerfeier war. Foto Michèle Fink

S. 113: Grablegung G.I.Gurdjieffs am 3 November 1949.

S. 114: Das abgebildete Schutzumschlag-Design von Josef Binder zur Ausgabe 1950 von *All und Alles* © *MAK – Museum für angewandte Kunst / Gegenwartskunst, Wien*, wird mit freundlicher Genehmigung wiedergegeben.

S. 115: Titelbild der zwölfseitigen Broschüre von Louise Goepfert March "Gurdjieff. Ein Hinweis auf sein Leben und Werk". 1950.

S. 116: Die Alte Mühle, wo Louise March 1950 die Broschüre schrieb: Gurdjieff. Ein Hinweis auf sein Leben und Werk

S. 124 1970: Louise Goepfert March. © Rochester Folk Art Guild, gedruckt mit Genehmigung

S. 130: 29. Oktober 2024, Gurdjieffs Grabstätte auf dem Friedhof von Avon. Foto von Michèle Fink

Louise March – ein Leben mit Sinn

Weiterführende Hinweise

Empfohlene Literatur zur Vertiefung

- **G. I. Gurdjieff:** *Beelzebubs Erzählungen für seinen Enkel*
  Das Hauptwerk Gurdjieffs, in dem er seine Lehre in symbolischer, epischer Form vermittelt.
- **P. D. Ouspensky:** *Auf der Suche nach dem Wunderbaren*
  Ein Klassiker der Gurdjieff-Literatur. Ouspensky schildert seine Jahre mit Gurdjieff und erläutert die zentralen Konzepte der Lehre.
- **Jeanne de Salzmann:** *Die Wirklichkeit des Seins: Der Vierte Weg Gurdjieffs* (The Reality of Being); Posthum veröffentlichtes Werk mit Reflexionen zur inneren Praxis nach Gurdjieff.
- **Annabeth McCorkle:** *The Rochester Years 1957–1987: The Work of Louise March*
  Eine Fortsetzung des vorliegenden Buches. Sammlung von Texten, Briefen und Erinnerungen aus den letzten Jahrzehnten von Louise March.
- **Keith Buzzell:** *Reflections on Gurdjieff's Whim* (nur Englisch)
  Tiefgehende Auseinandersetzungen mit Gurdjieffs kosmologischer Terminologie und Struktur.
- **Robin Bloor:** *To fathom the Gist, Vol. I-III* (nur Englisch)
  Mehrbändige Kommentierung von *Beelzebubs Erzählungen*, mit detaillierten Analysen zu Aufbau, Sprache, Symbolik und innerer Arbeit. Eine fundierte Hilfe zum tieferen Verständnis des Textes im Sinne Gurdjieffs.

Online-Ressourcen

- **Gurdjieff International Review:** www.gurdjieff.org
  Umfangreiche Sammlung an Essays, Interviews und Studienmaterialien zur Lehre Gurdjieffs.
- **Eureka Editions:** www.eurekaeditions.com
  Herausgeber der erweiterten englischen Originalausgabe dieses Buches sowie weiterer Gurdjieff-bezogener Publikationen.
- **Rochester Folk Art Guild:** www.rfag.org
  Die von Louise March gegründete Gemeinschaft, die bis heute nach den Prinzipien des inneren Weges arbeitet.

- **Rochester Gurdjieff Center:** www.rochestergurdjieffcenter.org
  Gemeinschaft von etwa 40 Mitgliedern mit eigenem Landhaus, gegründet in den 1970er-Jahren. von Henry und Annabeth McCorkle, frühe Schüler:innen zur Arbeit von Louise March.
- **To Fathom the Gist:** www.tofathomthegist.com
  Initiative zur vertieften Lektüre von *Beelzebubs Erzählungen*, mit Fokus auf Struktur, Sprache und Verständnisarbeit.
- **Bruno Martin:** www.gurdjieff-work.de
  Informationsplattform zu Gruppenarbeit, Seminaren und Texten der Gurdjieff-Lehre im deutschsprachigen Raum – mit Hinweisen auf Praxis, Tradition und historische Entwicklung.
- **Gurdjieff Zürich:** www.gurdjieff-zuerich.ch
  Offizielle Website der Zürcher Gurdjieff-Gruppe mit Hinweisen auf Praxis, Veranstaltungen und lokale Geschichte.
- **Gurdjieff-Gruppe in Österreich:** www.gurdjieff.at
  Diese Gruppen bieten in Österreich Veranstaltungen und Seminare zur Gurdjieff-Lehre an unter Leitung von Liv Gaupp-Berghausen und Peter Kepplinger.
- **All und Alles:** www.allundalles.com
  Multilinguale Online-Ausgabe von *Beelzebubs Erzählungen* mit Verlinkungen zu Gurdjieffs Begriffen, Orten und Personen; ebenso die Schriften der zweiten und dritten Serie.

Kontakt & Hinweise

Diese Ausgabe wurde mit größter Sorgfalt unter Einbezug historischer Dokumente und bislang unveröffentlichter Briefe erstellt. Fragen, Anmerkungen oder Hinweise zur deutschen Ausgabe bitte an: michele.fink@allundalles.com – www.allundalles.com

Wenn Sie sich vertieft mit Gurdjieffs Werk befassen möchten oder an einer Gruppe interessiert sind, empfehlen wir den persönlichen Kontakt über die genannten Plattformen. In vielen Ländern Europas und Amerikas gibt es authentische Arbeitsgruppen, Lesekreise und Veranstaltungen zum Studium dieser Lehre.

Weiterführende Hinweise

Personenregister

A
Amfortas 3, 25
Anastasieff, Feodor 23
Anastasieff, Valia 23, 76-77
Anderson, Familie 104, 111
Archipenko, Alexander 12
Archipenko, Gela 12, 24

B
Baker, George XIV, 102
Bendel, Henri 9, 36
Bennett, J. G. 97
Benson, Martin 23
Binder, Carla 93
Binder, Joseph XIV, 93, 119
Brown, Alan 23

C
Carlisle, William 5
Chaverdian, Lili (geb. Galumnian) 22, 29, 32, 44, 75, 77-78, 81, 83, 90
Chaverdian, Serioja 22
Christus 25, 49, 102, 127

D
de Hartmann, Eltern von Olga 28
de Hartmann, Olga 12, 14, 19-20, 28, 38
de Hartmann, Thomas XIV, 7-8, 20, 28, 38
de Salzmann, Alexander 21-22, 32, 39
de Salzmann, Jeanne 20, 22, 35, 44, 47, 50-51, 53, 63, 66, 73, 75, 80-81, 84, 90, 96, 98, 117
de Salzmann, Michel XIV, 22, 43, 49, 62-63, 66
de Salzmann, Natalie 22
Dessoir, Dr. Max 5
Dohrn, Harald 15
Dotson, George 68
Draper, Muriel 13

E
Etievant, Alfred 9**5**

F
Flinsch, Peggy (geb. Matthews) XIV, 24, 67-71, 73, 87, 89, 93
Forman, Tom 95
Fremantle, Christopher VIII, 95, 109

G
Garbo, Greta 69
Gordon, Elizabeth 22, 42-43, 75-77, 80, 84-85, 88, 90
Gornahur Harharch 83
Gregorewna, Astrig 23
Gurdjieff, Anna Iwanowna 23
Gurdjieff, Dmitri 23
Gurdjieff, Jenia 23
Gurdjieff, Luba 23
Gurdjieff, Lyda 23
Gurdjieff, Sophie Iwanowna 23, 77, 85

H
Heap, Jane 90
Howarth, Dushka 67
Howarth, Jessmin 67
Hulme, Kathryn 106

K
Kapanadse, Gjorgi 23
Karasz, Ilonka 73
Keyserling, Arnold 113, 117, 119
Keyserling, Hermann Graf 113
Keyserling, Manfred 117
Knopf, Alfred 7
Kozuki, Abt 70

L
Leighton, Fred 93
Lennig, Maria (geb. Goepfert) XIV, 1-2, 49, 58, 89
Lennig, Peter und Hans 58
Loomis, Payson 23, 73

M
Maier-Grafe 6
March, George 88, 90–91, 100, 102–103, 105–106, 108, 111, 115
March, John 91, 103, 105–106, 111, 115
March, Prita 91, 103, 105–106, 111, 115
March, Sophia 91, 103, 105–106, 111, 115
March, Sylvia 91, 103, 105–106, 111, 115
March, Walter IX, 12, 87–89, 91–92, 94, 99, 105
March, Werner 87
Medea 3
Metz, Bernard 23, 77
Metzger, Fritz 46
Moore, James XIII, 23

N
Neilson, Dr. William Allan XIV, 5–6
Nott, C. S. 93
Nyland, Ilonka (geb. Karasz) 93
Nyland, Willem 73, 93, 104

O
O'Keeffe, Georgia 6
Orage, A. R. 7–8, 15, 17, 28, 35, 44, 47, 60–61, 67
Ostrowska, Julia 22, 118
Ouspensky, P. D. 95–96, 113
Ouspensky, Sophie 95–96

P
Papastefanou, Niko XIII
Paquet, Alfons Dr. XII–XIII, 15–17, 24, 27, 39–40, 47–48, 51, 58–60, 73
Parzival 3, 37
Pentland, Lord VIII
Picht, Dr. Werner 5, 19, 79
Pietkowsky, Nona 73
Putnam, Nick 23, 73

R
Reitlinger 23, 34
Rilke, Rainer Maria XVI
Romilly, Rita 54
Rothermere, Lady Mary Lilian 38

S
Schwarzenbach, Margaritha 54–56
Schwarzenbach, Robert J. F. 13–14
Sinclair, Mary 104
Stettheimer, Carrie 7, 9–10
Stettheimer, Etti 7, 9–10
Stettheimer, Florene 7, 9–10
Stieglitz, Alfred 6
Stjoernval, Dr. Leonid 23, 37–38, 51, 63, 66, 83
Stjoernval, Elisabeth Grigoriewna 19, 23, 39, 49
Stjoernval, Nicolai 23, 62–63, 66
Svetchnikoff XIII, 23, 83
Swaska 23

T
Taylor, Edith 23
Taylor, Eve 23, 102
Toomer, Jean 23

V
von Eschenbach, Wolfram 3
von Horn, Tony XIV, 63–64, 66

W
Wagner, Richard 3
Welch, William J. Dr. 100–101, 104
Weston, Eduard 69
Wolfe, Dr. Walter Beran 54
Wolton, Aubrey 95, 109
Wright, Frank Lloyd 87, 111
Wright, Iovanna 111

Z
Zigrosser, Carl 7
Zuber, René 131

Index

A
All und Alles XIV, 115, 119
Alpen 44, 76
Alte Mühle 116
Auf der Suche nach dem Wunderbaren
XII, 96, 113, 119

B
Beelzebubs Erzählungen für seinen Enkel
    Lesungen 12–13, 44, 47–50, 54, 59, 62, 93, 105
    Veröffentlichung X, XII, 65, 101, 109, 115, 119
Beelzebubs Erzählungen für seinen Enkel VIII, XII, XIV, 12–14, 20, 27, 39, 43–44, 46–47, 49–51, 54, 57, 62, 68, 83, 90, 93, 109, 115, 123, 133
Beelzebubs Erzählungen für seinen Enkel
    Aschiata Schiämasch 48, 57
    Beelzebub in Amerika 52
    Bergpass 13, 67
    Das gesetzmässige Resultat unparteiischen Denkens 13
    Die Früchte früherer Zivilisationen und die Blüten der modernen 20, 50
    Fegefeuer 75–76, 111
    Krieg 75, 83
    Kunst 20, 81
    Vom Autor 69
    Warnung 82
Begegnungen mit bemerkenswerten Menschen
    Mein erster Lehrer 102
    Mein Vater 102
Buddhismus 70, 127

C
Café de la Paix 24, 37, 78–79
Carnegie Hall 7–8, 10, 95
Child's Restaurant 8–13
China 70
    Mount Tai Shan 71–73
    Peking 73
    Shanghai 70
    Suzhou 70
Colleges und Universitäten
    Hunter College XIV, 6, 12–14
    Smith College XIV, 1, 5–6
    Universität Berlin 5
    Universität Frankfurt 5

D
Der Kampf der Magier 17

E
Egolionopti 13
Enneagramm 102
Essen und Trinken 12–13, 24, 40–43, 46, 53, 68–69, 73, 75–76, 83–85, 92, 96, 100–105, 107, 117
    Flusskrebs-Party 42, 75

F
Fontainebleau 10, 19, 37, 45, 47, 65, 79–80
Fotografien 62
Frijoles Canyon 67

G
G. Gurdjieff: Ein Hinweis auf sein Leben und Werk 119
Galoschen 81
Gebet 103, 111, 123
Geheimnis 21, 100, 128, 131
Geld 12, 38, 42, 46, 51, 55, 63, 68, 75–77, 81, 85, 98, 103–104, 106–107, 109, 117
Gesetz der Drei und Gesetz der Sieben 100
Gott, gott- 42, 71, 88–89, 108, 115
Gralsmythos 3, 37–38, 127

Grand Canyon 67
Gurdjieff
  als Dr. Kulinarium 55
  als Meteorit 51
  als Schutzpatron der Erde 95
  Arbeit in Cafés und Tanzlokalen 33
  Autounfall 25, 27
  Bart 63
  Reisepass 88
  Tod und Bestattung 117–118
  Vergleich mit Platon 24
  Wer ist er wirklich? 52
Gurdjieff, Ausdrücke
  Bereitschaft für ein Kind 58
  Besser eine unglückliche Ehe als keine Ehe 98
  Chik machen 20, 132
  Den Knochen tiefer vergraben 29
  Die Arbeit hier geschieht nicht um der Arbeit... 28
  Die Kuh kommt von der Weide zurück 41
  Dreckige Dollar-Frage 55–56
  Ein wirklicher Mensch braucht keine Erregung 56
  ein wirkliches Weihnachtsgeschenk machen 102
  Familienväter 59
  Flöhe 54
  Für uns gibt es kein ‚unmöglich' 93
  Hund essen 42
  Mache alles anders 28
  Schafe scheren 63
  Schmutzige Austern 53
  sich hin und her winden, um das Loch zu finden 39
  Silber- oder Papierdollar 104
  unsere Flagge 102
  Was ich dir wünsche 24
  Wenn nicht verheiratet 14
  wie ein Hund sterben 97, 100

Gurdjieff, Dmitri 23
Gurdjieff, Jenia 23
Gurdjieff, Luba 23
Gurdjieff, Lyda 23
Gurdjieff, Sophie Iwanowna 23, 77, 85

H
Hilfe IV, 4, 9, 22, 25, 39, 65, 70, 76, 93, 101, 105, 109
Hypothek 65–66

I
Idioten 33, 40, 83, 96–98, 100, 103
In the Shade of Notre Dame 122
Institut für die harmonische Entwicklung des Menschen 27, 54

J
Jakob 30
Japan 69
  Myöshinji-Kloster, 70
  Rinzai-Zen-Tempel 70

K
Karma 127
Kathedralen 45
Keyserling, Arnold 113, 117, 119
Keyserling, Hermann Graf 113
Keyserling, Manfred 117
Kinder 22, 41–43, 46, 85, 87–93, 99–100, 102–107, 111, 115
Kitzeligkeit 56
Klage, Verfahren 55, 77
Kundabuffer 48–49
Kunstprofessor 20

L
Liebe 3, 33, 93, 109

M
Mahabharata 3
Mönchskorridor 75, 84
Moore, James XIII, 23
Movements 44, 95, 103, 108, 111

Musik 7–8, 50, 54, 56, 85, 107, 132

N
Nalichie 35
Nationalsozialistisches Deutschland 87
New York Herald Tribune 63

O
Olympische Spiele 87, 89
Opportunity Gallery 6, 8, 14, 38

P
Paradou 77
Prieuré IX, 10, 14–15, 17, 19, 21–25, 28–29, 32, 34, 36–39, 41–44, 46–47, 49, 52–53, 55, 57–58, 60, 66–68, 73, 75–80, 87–88, 95, 97, 109
Professorin für Kunst 20

R
Religion
    Buddhismus 70, 127
    Hinduismus 3
    Katholizismus 3
    Russisch-orthodox 117
Return to the Mountains 121
Ritz 21
Rochester Folk Art Guild XIV
Romanisches Café 50
Russische Teestube 11

S
San Luis Rey 67
Schiffe
    Asana Maru 69
    Queen Mary 111
    S. S. Bremen 53, 74
    S.S. Bremen 53, 73
    S.S. Republic 17
Schweinshaxensuppe 41
Seele 56, 58, 88, 97, 111
Sekretärin 20, 39, 54
sich selbst erkennen 4, 27, 126
Sprichwörter im Studienhaus 20–21

Stille Dame 93
Studienhaus 20, 44

T
Tagebuch
    Goepfert-March, 1931, 68-71
    Goepfert-March, 1932, 75-83
    Goepfert-March, 1948-1949, 98-106
Taliesin 87
Terrasse 59, 76, 91
Theosophischen Gesellschaft 67
Trinksprüche 33, 83, 96, 100, 103, 105
Türkisches Bad 24, 32, 43, 75

U
Universitäten und Colleges
    Hunter College XIV, 6, 12–14
    Smith College XIV, 1, 5–6
    Universität Berlin 5
    Universität Frankfurt 5

V
Verfahren 55
Verlag 109
    Verlag der Palme 117, 119

W
Wellington Hotel 90, 95, 99

www.ingramcontent.com/pod-product-compliance
Lightning Source LLC
Chambersburg PA
CBHW030858170426
43193CB00009BA/663